カラー版

日本の神様100選

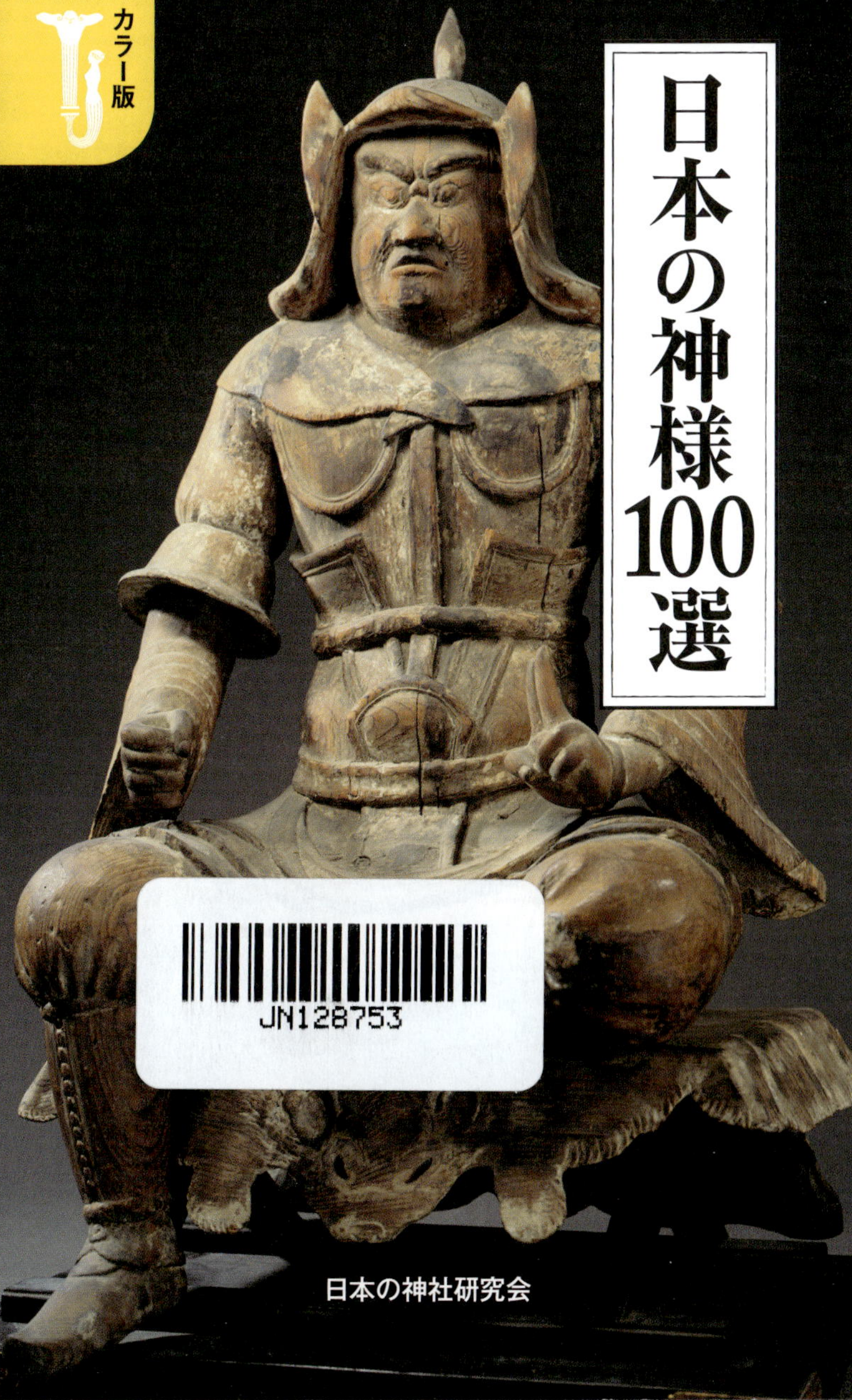

日本の神社研究会

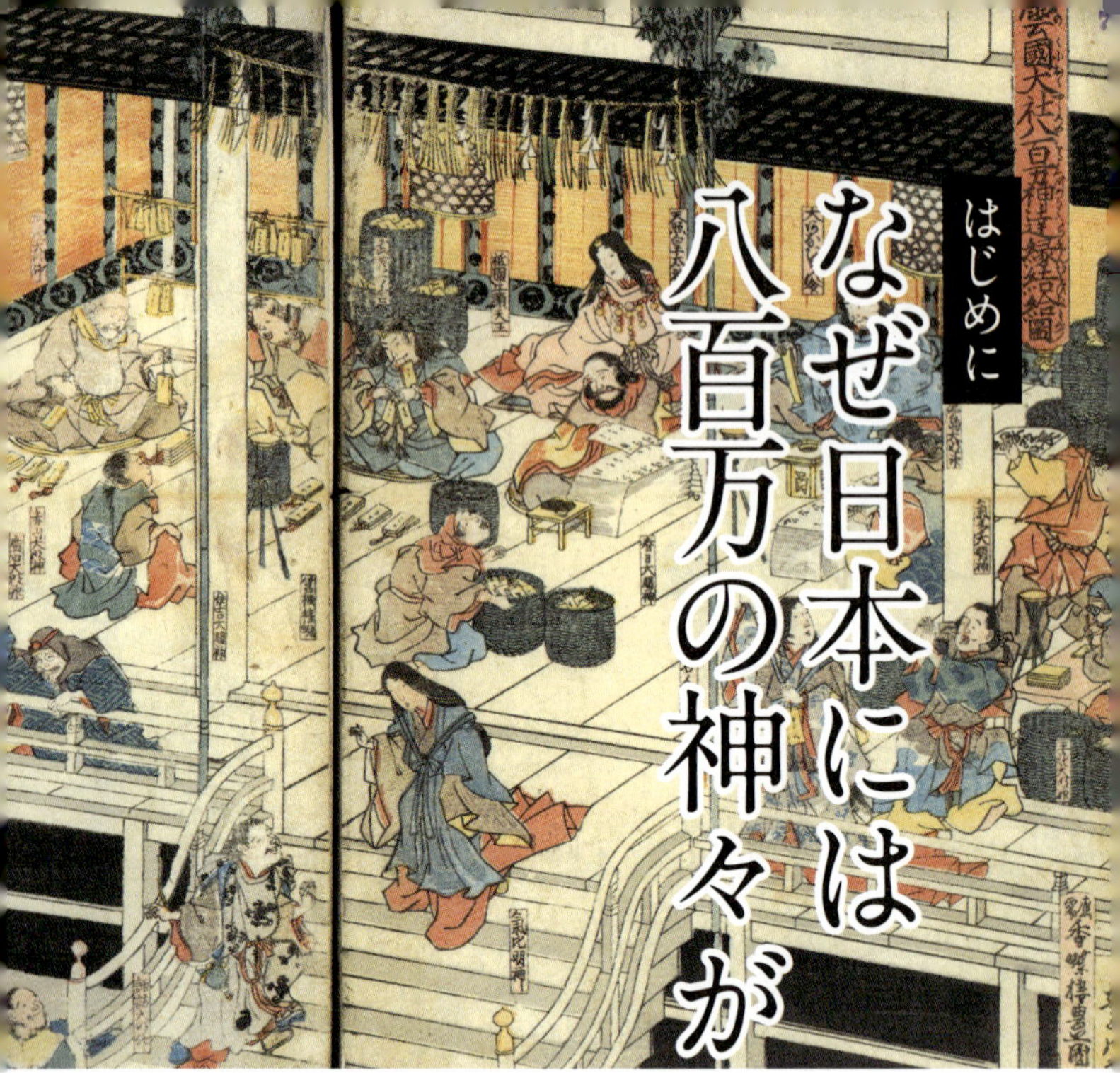

はじめに

なぜ日本には八百万の神々がいるのか

世界には唯一神、絶対神の宗教が数多くある。一方、日本の神様は「八百万《やおよろず》の神々」と形容される。八百万とは「数が多い」ことの例えで、現存する日本最古の歴史書『古事記』や最古の正史『日本書紀』には個性豊かな多彩な神々が登場する。日本の神様は神話の中の存

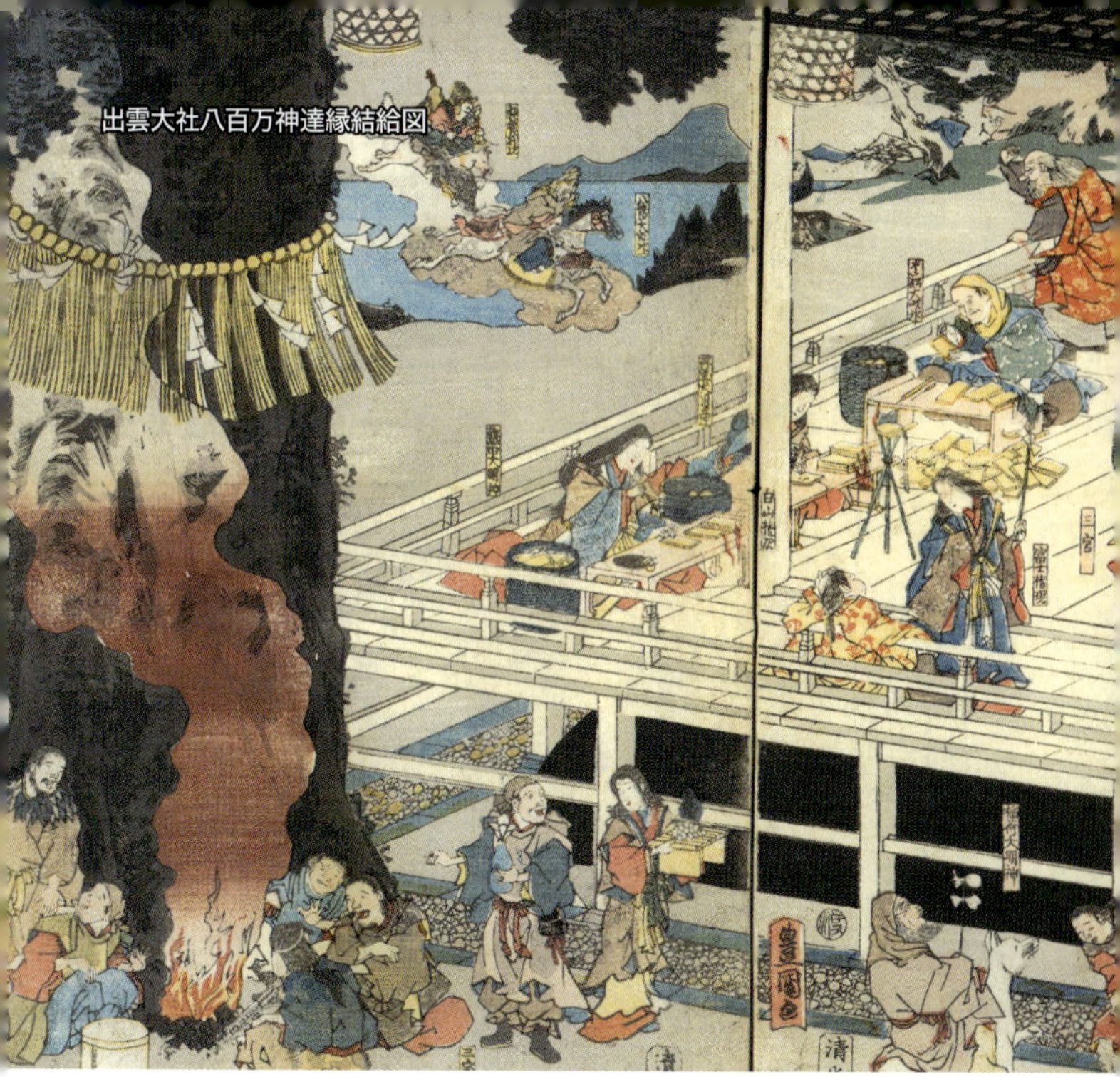
出雲大社八百万神達縁結給図

在にとどまらない。山や川、草木や岩に至るまであらゆる自然物に神々が宿るだけでなく、日常生活の道具でさえ、時が経てば神様になる。また仏教をはじめとする、海外からもたらされた文化や宗教の影響を受けて、新たな神々が誕生していく。日本の神様は、人々の願いや文化に影響を受けながら、今も増え続けているのだ。本書では、日本人が古くから信奉してきた100の神様を紹介する。それは同時に、日本人が目に見えない神様の姿を、どのように想像してきたかの歴史でもある。

目次

カラー版 日本の神様100選

第五章 自然界の神様

第六章 神仏習合の神様

第十章 全国の総本社30

第一章

八百万の神様と日本の信仰

伊邪那岐と伊邪那美
河鍋暁斎 画

自然に宿る神様

須我神社奥宮・夫婦岩（島根県）
スサノオが宮を営んだ地に創建された須我神社の奥宮で、スサノオ、クシナダヒメ、子神の神霊が宿るとされている。

三輪山（奈良県）
最古の神社ともいわれる大神神社のご神体で、山内には神様の依り代（憑りつくもの）とされる磐座が残っている。

那智大滝（和歌山県）
熊野那智大社の別宮・飛瀧神社のご神体で、神仏習合の時代には千手観音とされ、滝の飛沫を浴びると延命長寿のご利益があるとされた。

日本の信仰の原点は、四季とともに海、山、森を持つ豊かな自然に対するものだった。「カミ」を定義するのは難しいが、最も単純化すれば、「その人の生命・運命を左右する人知を超えた存在」といえるだろう。人々に恵みを与えるとともに時に脅威となった自然は、日本人にとってカミそのものだったといえる。

日本古来の神様

国宝　熊野速玉大神坐像
熊野速玉大社 蔵
和歌山県立博物館 写真提供
イザナギとされる熊野速玉大神の神像で、何ものをも見通すような目と威厳、豊かな体躯が特徴的である。

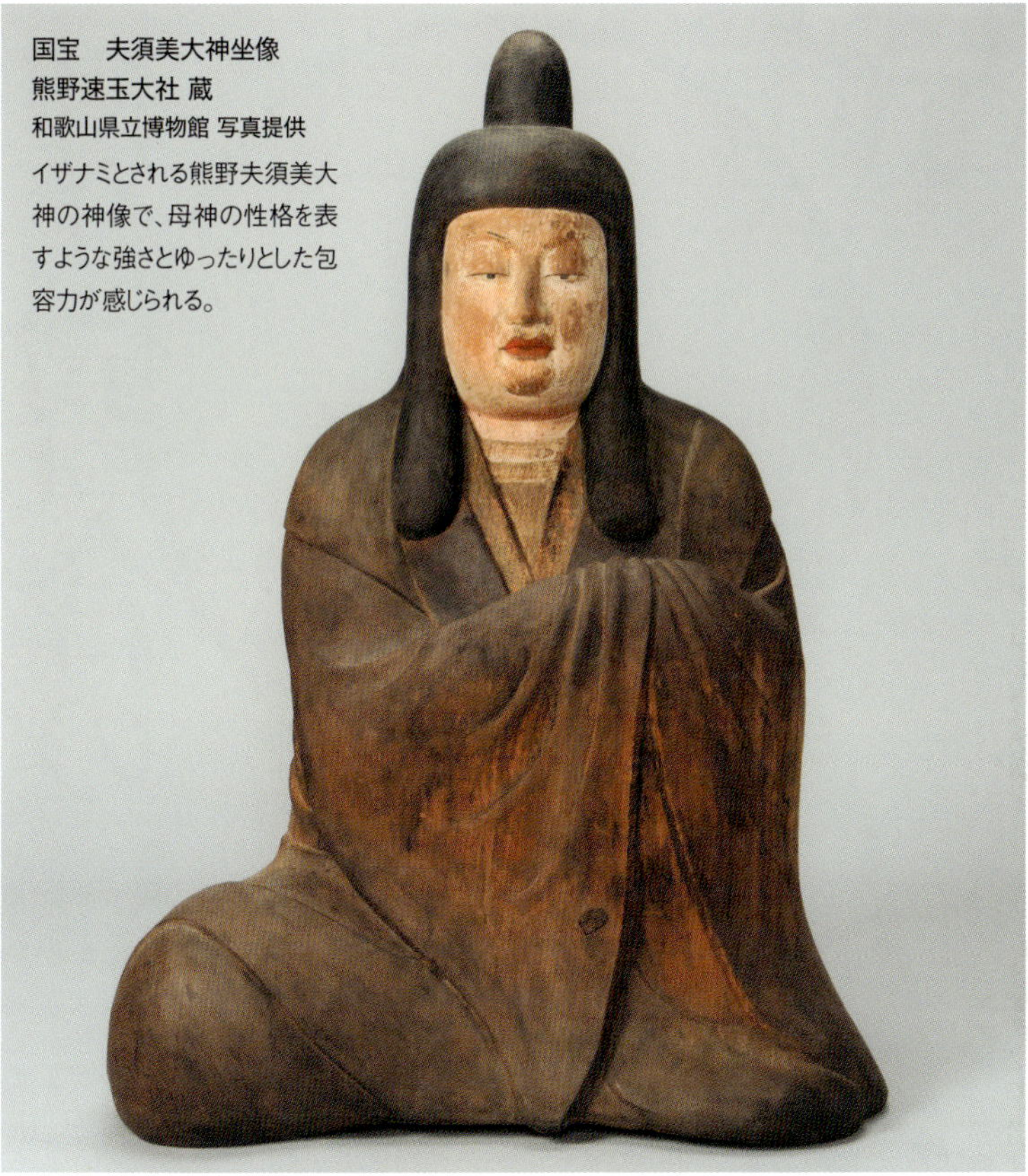
国宝　夫須美大神坐像
熊野速玉大社 蔵
和歌山県立博物館 写真提供
イザナミとされる熊野夫須美大神の神像で、母神の性格を表すような強さとゆったりとした包容力が感じられる。

自然信仰は、やがて擬人化され神話へとつむぎ出されていった。『古事記』『日本書紀』に代表される日本神話は、人間社会と同じように神々が協力し、失敗し、時に争うことを繰り返して、世界が発展していく物語である。絶対的な万能神が存在しない日本神話では、多様な神々が共生する寛容な世界観が描かれている。

神仏習合の神様

国宝　僧形八幡神坐像
東大寺 蔵
快慶作と伝えられ、製作当時と変わらない状態で残る。八幡神は15代応神天皇のこととされるが完全な僧の姿となっている。

十一面観音菩薩坐像
東京国立博物館 蔵
TNM Image Archives
写真提供

白山比咩神社（石川県）境内から出土した仏像。白山の神・シラヤマヒメは十一面観音菩薩と習合し、白山妙理権現と呼ばれた。

6世紀に日本に仏教が伝来すると、仏と日本の神の関係性が議論された。そして8世紀になると神は仏が人々を救うために別の姿で現れたものとする本地《ほんじ》垂迹《すいじゃく》説（逆の新本仏迹《しんほんぶつじゃく》説もある）が生まれ、神と仏を同一のものとする神仏習合《しんぶつしゅうごう》（神と仏が合体すること）が進んだ。神仏習合は明治時代まで続き、1000年以上に及んだ。

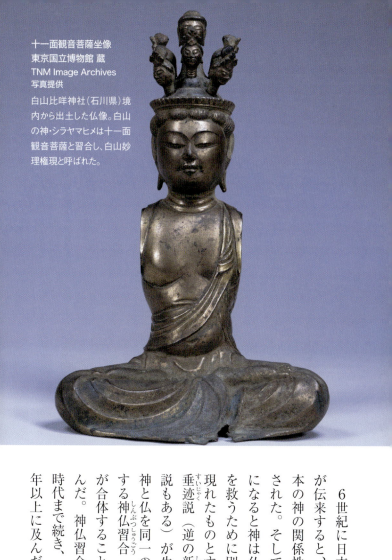

山岳信仰の神様

秘仏本尊・金剛蔵王権現
金峯山寺 蔵　朝日新聞社 写真提供
蔵王権現は修験道の本尊とされ、役行者は金峯山で修行して、すべてを司る蔵王権現を感得したと伝えられる。

山は農耕に欠かせない水源であり、時に災害をもたらすことから、山を神とする山岳信仰が日本に生まれた。仏教が伝来すると、神道《しんとう》、仏教、仙人となることを目指す道教の神仙思想などが山岳信仰に加わり、日本独自の修験道《しゅげんどう》が誕生した。そして、神が「仮（権）」の姿で「現《あらわ》れる」「権《ごん》現《げん》」という称号を持った神が誕生した。

なぜ目に見えない神様の像や絵があるのか

古来からある日本の信仰「神道」は、自然信仰をベースに誕生した。自然の中にいる神々に姿はなく、山や滝、巨岩などを依《よ》り代《しろ》（神様が憑《よ》りつく場所）にして、祭祀が行われた。現在でも地鎮祭などを行う時には祭壇に榊《さかき》を立てるが、この榊が神様の依り代になる。自然信仰とともに神道のベースとなるのが、東アジアの信仰の特徴である祖霊《それい》信仰である。これは、死者がその一族の守護神となる考え方で、記紀神話でも天皇のみならず、さまざまな豪族の祖神《おやがみ》が登場する。そのため偉大な人物の墳墓や古墳が築かれ、祭祀が行われるようになった。日本神話では時に神様が人の姿で人々の前に現れることもあれば、蛇や白鳥などに姿を変えることもあり、変幻自在である。このことは神様が特定の姿にとどまらない無形の存在であることを示している。

しかし、仏教が伝来すると人々は仏の姿として仏像や仏図を見ることになった。仏＝ブッ

男女神坐像
奈良国立博物館 蔵（佐々木香輔 撮影）
仏像の伝来とともに本格的に制作されるようになった神像は、当初は僧形などをしていたが、その後、貴族の装束姿など独自の造形がなされるようになっていった。

ダはもともと人間である側面はあるが、祭祀対象が目に見える姿で現れたことは大きな衝撃だった。文献上の神像の初出は、9世紀初頭に編纂された『皇太神宮儀式帳』にある伊勢神宮内宮《ないくう》別宮の月読宮《つきよみのみや》の馬上男形とされる。

自然界の巨岩などの磐座《いわくら》での祭祀、古墳祭祀を経て、8世紀後半になると社殿を造営して神様を祀る神社祭祀が本格化する。社殿での祭祀も仏教における寺院の影響を受けたといわれており、神社祭祀のはじまりとともに神像の制作も本格化していった。

「神」「仏」だけではない日本の習合の文化

神道にはもともと「客人神《まろうどがみ》」という神様がいる。客人神とは外来の神様のことであり、排斥されることなく神様として祀られた。記紀神話にも海の彼方にあるとされる「常世《とこよ》」の国」から訪れた神々が多く存在する。もともと八百万の神々の信仰がある日本では、新たな神様を受け入れる精神的土壌があったといえるだろう。

公式には6世紀に伝来した仏教だが、それ以前から外来文化とともに仏教は伝わっていた。しかし、日本の神に対して、教えとして体系化された仏教の仏をどのように解釈すればいいか、議論がなされた。やがて8世紀になると、日本の神と仏は同じ存在が姿を変えたものとする神仏混淆《こんこう》の考え方が取られるようになった。神社で読経されたり、寺院で祝詞《のりと》が奏上されるなどが当たり前に行われたのだ。このような神仏習合は、明治時代の神仏分離令まで1000年以上続き、日本の神社と寺院の歴史の大半は、神仏習合の時代だったといえる。

神仏習合の歴史の中では、天台仏教と神道が結びついた「山王《さんのう》神道」、神道と仏教における密教、日本独自の山岳信仰などが習合した「修験道」、神道と仏教、中国の陰陽五行説、道教などが習合した「陰陽道《おんみょうどう》」など、さまざまな信仰が生まれた。

キリスト教が日本に伝来し、やがて江戸時代に禁止されると、隠れキリシタンなどによって聖母マリアを観音としたマリア観音がつくられるようになったが、これも日本の習合の文化が下地となって生まれたものといえるだろう。

重要文化財　蔵王権現立像
奈良国立博物館 蔵（森村欣司 撮影）
神道、仏教、山岳信仰、道教などが習合した修験道の本尊で、密教における明王の姿に似ている。

神像の見方ガイド

仏像の影響を受けて本格的に制作されるようになった神像だが、当初は僧形《そうぎょう》（僧侶の姿）など、神仏の姿というよりも祭祀者の姿のことが多かった。しかし、やがて神像独自の表現がなされるようになる。

男神の場合、法衣《ほうえ》ではなく衣冠束帯《いかんそくたい》の姿となった。衣冠束帯とは貴族の装束で、冠を頭にかぶり、笏《しゃく》と呼ばれる木の板を手に持った姿をしている。現代の神社の神職の装束に近い姿といえばわかりやすいだろう。神像は、高貴な人物をイメージさせるものが多い。また日本の神様は恵みだけでなく、時に荒ぶる力を発揮する存在でもあるため、威嚇するような猛々しい表情をするものもある。仏像の姿からの脱却は女神像の方が早く、巫女《みこ》的なミステリアスな表情のもの、生命を誕生させる恵みの神として豊かな体躯をしたものなどバリエーション豊かだ。日本神話に登場する神々の神像の場合、異形のものは少なく、実際の日本人の姿を模してつくられたものと考えられる。

男神像の主な姿　（八幡神坐像 赤穴八幡宮 蔵）

束帯
首元まである衣をベルトで腰に束ねた装束。

拱手(きょうしゅ)
両手を腹部の前で組んでいる。袖の中に手を隠して行う礼の一種。

巾子冠(こじのかんむり)
髻(もとどり)と呼ばれる束ねた髪を入れる筒状の部分がある冠。

笏(しゃく)
もともとはメモが記された板だったが、のちに公式な場での持ち物になった。

女神像の主な姿　（仲津姫命坐像 薬師寺八幡神社 蔵）

髻(もとどり)
日本で古来から行われた髪結いの方法で、髪を頭上で束ねている。

小腰
もともと裳を腰で結ぶための紐だったが、のちに肩にかけて垂らす紐になった。

垂髪(すいはつ)
すべらかしともいい、すべての髪を結い上げず、一部の髪を垂らしたもの。

唐衣(からぎぬ)
宮中の女官の装束。女房装束(十二単)の一番上に着る上衣。

裳(も)
女房装束における腰から下の服。

僧形神像

神様なのに僧の姿

神像は仏教の伝来によって本格的につくられるようになったため、仏教の影響が少ない地域ではほとんどつくられなかった。一方、仏教を取り入れた朝廷と関係が深い神社仏閣では神仏習合が進み、仏像の影響を大きく受けた僧形（僧侶）の神像がつくられた。やがて日本独自の装束である衣冠束帯などの神像がつくられるようになったが、その後も僧形の神像はつくられ続けた。

八幡神は八幡大菩薩とも呼ばれ、神仏習合が進んだ神様の一柱《はしら》（柱＝神様の数え方）でもある。皇室の守護神とされ、奈良県の東大寺の大仏鋳造の際には、大分県宇佐から八幡神を迎え祀り、大仏完成の無事を祈願した。僧形八幡神像では、八幡神が剃髪《ていはつ》をして法衣をまとい蓮華座《れんげざ》を組んだ、僧侶の姿となっている。仏教の護法の神として僧形八幡神像が多くつくられるようになったのである。

僧の姿ではなく、より仏の姿に近い神像も多くつくられた。神仏習合では、アマテラス

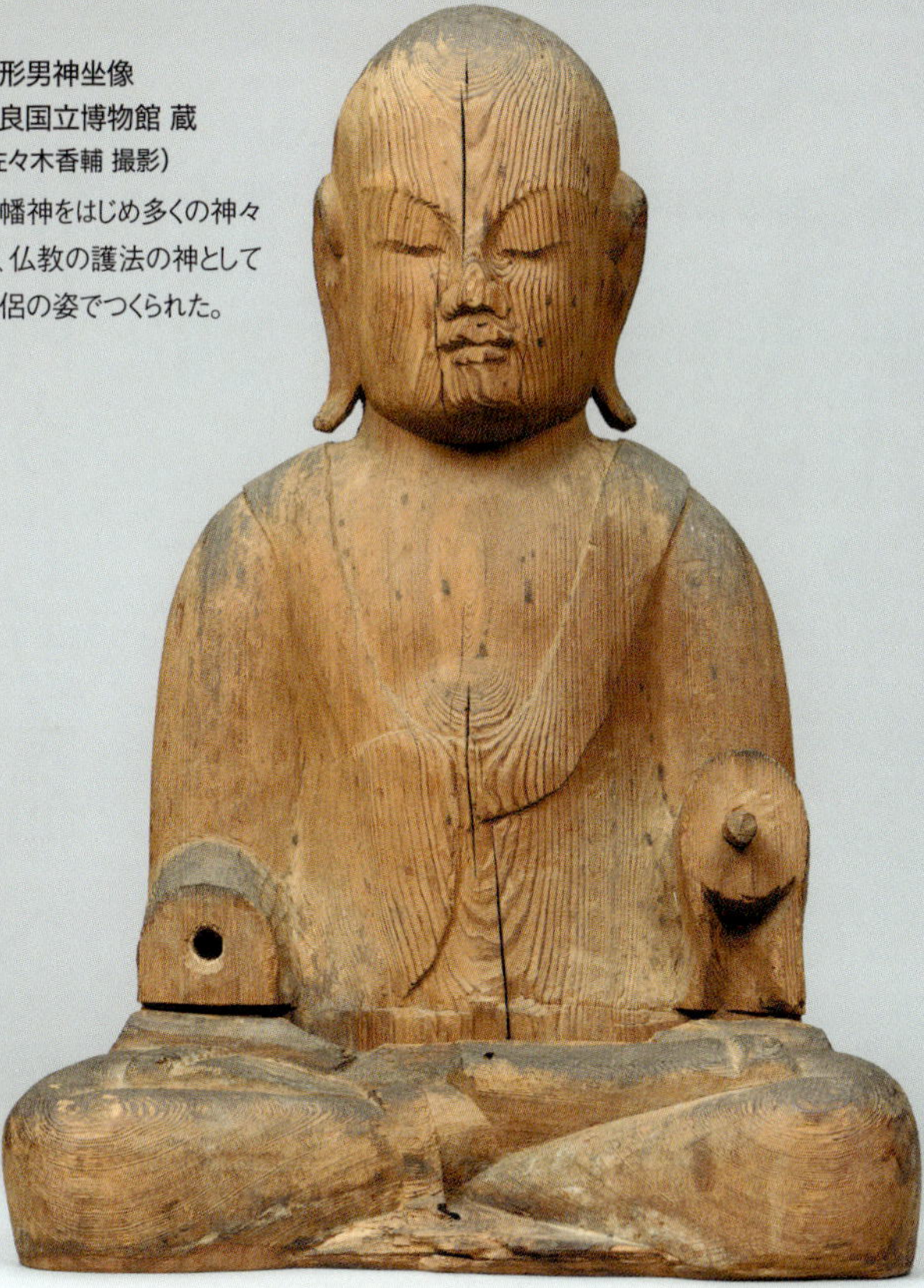

僧形男神坐像
奈良国立博物館 蔵
（佐々木香輔 撮影）
八幡神をはじめ多くの神々は、仏教の護法の神として僧侶の姿でつくられた。

を大日如来、スサノオを薬師如来、イチキシマヒメを弁財天といったように、同一となる仏がそれぞれの神様に当てられた。そして、神様を同一とする仏の姿で神像がつくられた。神像を見る際には、仏教の影響や習合した神仏は何かといった背景を知れば、より深く理解することができるだろう。

信仰から芸術へ

仏教の影響によって、本来目に見えない日本の神々は、目に見える形になった。これらの神像や神図は主に神社仏閣に祀られる祭祀対象のものであった。また神様の由来を記した縁起絵巻などで神様の姿が描かれることもあった。神仏習合が進む中では、曼荼羅《まんだら》図に神々の姿を当てた、垂迹神曼荼羅図などもつくられるようになった。

やがて大衆においても、神社のお神札《ふだ》と同様に、神様の姿を描いた掛け軸や神像が床の間などに祀られるようになる。神様の姿がより一般化されたのが江戸時代である。戦国時代が終わり大衆文化が発展すると、人々は商売繁盛や疫病除けなどのご神徳を求めて、神社仏閣への参詣が流行した。

三社託宣図

皇室のアマテラス、貴族の春日神、武士の八幡神が掛け軸に描かれ、大衆信仰の対象となった。

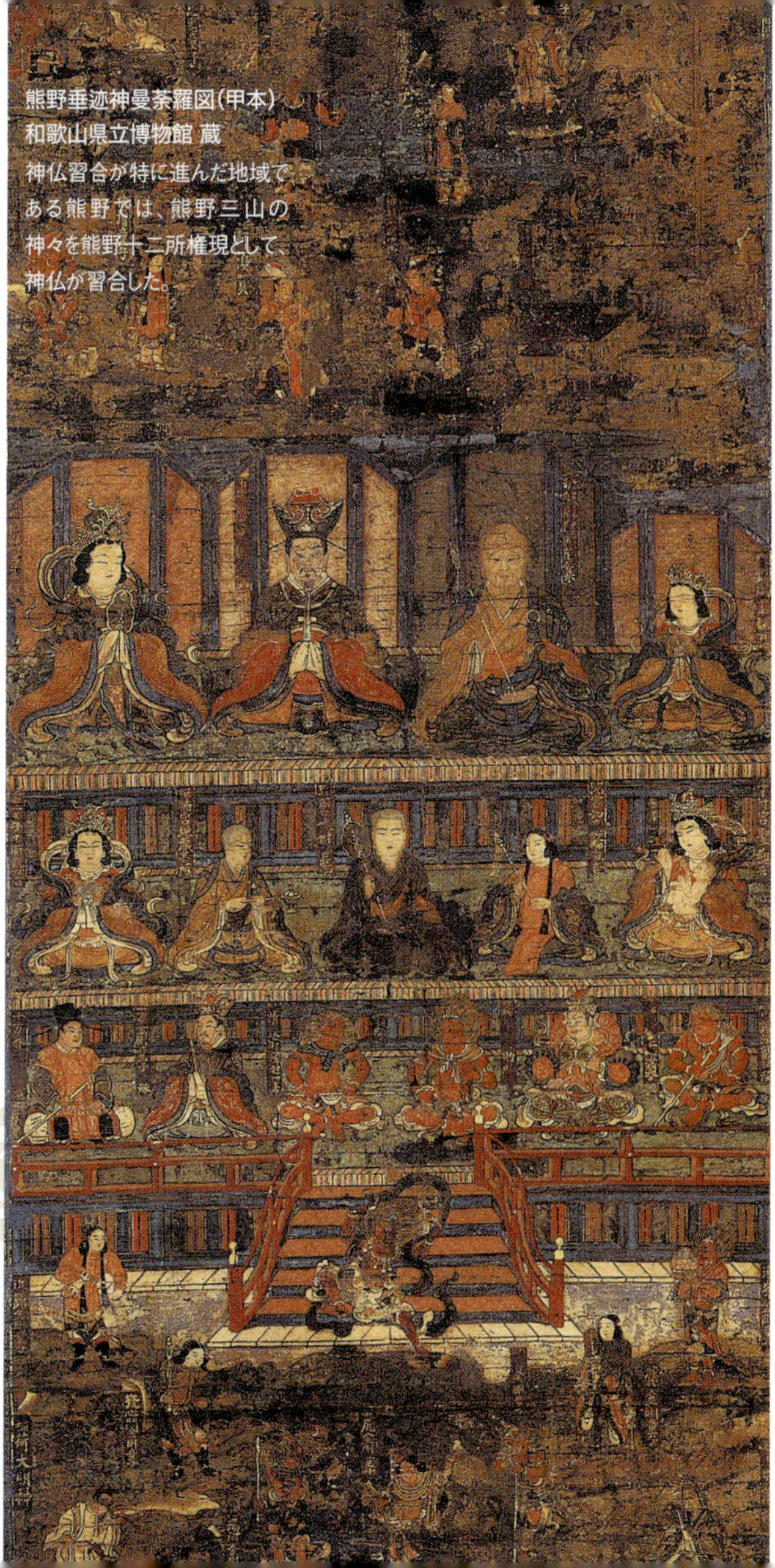

熊野垂迹神曼荼羅図(甲本)
和歌山県立博物館 蔵
神仏習合が特に進んだ地域である熊野では、熊野三山の神々を熊野十二所権現として、神仏が習合した。

大鯰を押さえるタケミカヅチ

安政の大地震後、地震の際に身を守るための護符として「鯰絵」が多く刷られた。

浮世絵を代表とする木版画・錦絵が広まると、商売繁盛のダイコク・エビスをはじめとする神様の姿も多く印刷されるようになった。

安政の大地震後には、地震を引き起こすとされる地下の大鯰《おおなまず》を押さえこむタケミカヅチを描いた「鯰絵」が多く刷られた。

神様の錦絵は護符的な意味合いが大きかったが、明治時代以降には芸術の対象として神様が描かれるようになった。日本画家の河鍋暁斎《かわなべきょうさい》や小林永濯《えいたく》、洋画家の青木繁などの日本画壇の大家たちが題材として日本神話を用いて、神々の姿を描いたのである。現在では、神社の境内に神様の姿を模した像などがつくられている場合もあり、より多くの神々の姿を見ることができるようになっている。

第二章

天上世界の神様

伊邪那岐と伊邪那美
河鍋暁斎 画

世界で最初に現れた三柱の神々

造化の三神

アメノミナカヌシ タカミムスヒ カミムスヒ

造化《ぞうか》の三神は『古事記』で天地が開闢《かいびゃく》したとき最初に姿を現したアメノミナカヌシ、タカミムスヒ、カミムスヒの三柱の総称。ムスは「生《む》す」、ヒは「霊」のことで「ムスヒ」は万物を生み出す力とされ、タカミムスヒとカミムスヒが世界を創造する神格を持っていることがうかがえる。カミムスヒはオオクニヌシなど出雲の神々が、タカミムスヒは天上世界の神々や初代神武天皇などが、ピンチの際に登場し援助の使者を送っている。神々にとって「遠くから子を見守る親」的な存在といえる。

主な神社

宇奈多理坐高御魂神社（奈良県）
命主社（出雲大社摂社、島根県）
水天宮（福岡県）
全国の水天宮

重要文化財　水天像
奈良国立博物館 蔵
（森村欣司 撮影）
アメノミナカヌシは、仏教を守護する十二天のうち水天と同一視され、安産の神様・水天宮の祭神として祀られている。

アメノミナカヌシの『古事記』での記述は少ないが、中世以降に伊勢神宮外宮《げくう》の神様・トヨウケと同一とされ、食物の神様、五穀豊穣の神様として信仰された。またアメノミナカヌシは「天御中主」と書き世界の中心を表すことから、北極星や北斗七星を神格化した妙見《みょうけん》菩薩と習合し、妙見信仰とともに信仰が広がったほか、安産の信仰が篤い水天宮《すいてんぐう》の神様としても知られる。

造化の三神の次に現れた始源の神様

クニノトコタチ

クニノトコタチは国土を支えるという意味の名を持つ神で、『日本書紀』の本文では筆頭に登場する神様である。天地開闢の最初に現れた神様とされる。一方、『古事記』では造化の三神を含む五柱の神々ののちに誕生した神代七代《かみよななよ》の神々のうち、最初に生まれた神様がクニノトコタチとされる。

『古事記』よりも『日本書紀』が重んじられた中世では、クニノトコタチは最も重要視され、神道界に大きな影響力を持った吉田神道（室町時代に生まれた神道の一派）では、宇宙の根源である別格の神「大元尊神《だいげんそんしん》」とされた。しかし、江戸時代に国学（古代日本の思想・文化を研究する学問）が盛んになると『古事記』が重要視されるようになり、クニノトコタチへの信仰はアメノミナカヌシに置き換えられていった。始源の神様として、山岳信仰系の神社を中心に祀られ、熊野三山の熊野速玉大社相殿などの祭神となっている。

主な神社

熊野速玉大社（和歌山県）
玉置神社（奈良県）
日枝神社（東京都）
全国の熊野社

国宝　国常立命坐像
熊野速玉大社 蔵
和歌山県立博物館 写真提供

熊野速玉大社の第三殿の祭神であるクニノトコタチの像で、頭頂部と体の前部が大きく失われているが精気に満ちた表情が印象深い。

神々や日本列島の父神

イザナギ

イザナギ・イザナミの夫婦神は、記紀神話では日本の国土や神々を生む創造神として描かれている。地上世界の創造を任された二神は、天上界の天浮橋《あまのうきはし》に立ち、矛《ほこ》で海原をかきまわし、最初の大地である淤能碁呂島《おのごろしま》をつくった。そしてこの島に降り立つと世界で最初の結婚の儀式を行ったとされる。二神はその子どもとして本州や九州など日本列島の島々を産む「国生み」、さらに山、海、風など自然界のあらゆる神々を産む「神生み」を行い、地上世界は誕生した。

しかし、イザナミは神生みの最後に火の神カグツチを出産したことで重傷を負い、その傷がもとで命を落としてしまう。悲しんだイザナギは妻を追って死者の国・黄泉《よみ》の国に赴くものの、そこで変わり果てた妻を目にして恐れ逃げ帰ってしまった。

地上世界へ戻ったイザナギはさらにアマテラスなどの神々を誕生させると、子らに世界

主な神社

伊奘諾神宮（兵庫県）
多賀大社（滋賀県）
伊佐奈岐宮
（皇大神宮別宮、三重県）
全国の多賀社

重要文化財　伊邪那岐神坐像
熊野速玉大社 蔵
和歌山県立博物館 写真提供

アマテラスやスサノオなど数多くの神々の父神であるイザナギは、淡路島や近畿地方を中心に信仰されている。

の統治を委ねて『古事記』では淡海の多賀に、『日本書紀』では淡路に幽宮《かくりのみや》をつくって鎮まったとされている。神話での重要性にもかかわらず、古代にはこの両神を祀る神社は少数派で、その分布は淡路島を中心にほぼ近畿地方に限定されている。宮中祭祀でも二神を特別視した様子がみられないことから、イザナギ・イザナミは、もともとは淡路地域の人々が信仰していたローカルな神様だったとする説もある。

イザナギの幽宮の地と伝わる伊奘諾《いざなぎ》神宮が鎮座する淡路島には、沼島《ぬしま》の上立神岩《かみたてがみいわ》やおのころ神社など淤能碁呂島の伝承地が複数あり、イザナギ信仰の中心地となっている。伊弉諾神宮は淡路国一宮であることから、「一宮《いっく》さん」として親しまれ、境内地にはイザナギの神陵とされる墓所がある。

神話では、イザナミの死によって別れた二神だが、それぞれを単独で祀る神社は少なく、イザナギとイザナミをペアで祀る例が多い。「お多賀さん」で知られる滋賀県の多賀大社はイザナギ・イザナミ信仰の中心的神社で、全国の多賀社の総本社となっている。江戸時代には「お伊勢参らば　お多賀へ参れ　お伊勢はお多賀の子でござる」ともいわれ、伊勢参りでは一緒に多賀大社にも詣でることが流行した。二神は生命の誕生と死を司る神様として、特に延命長寿の神様としても信仰されている。

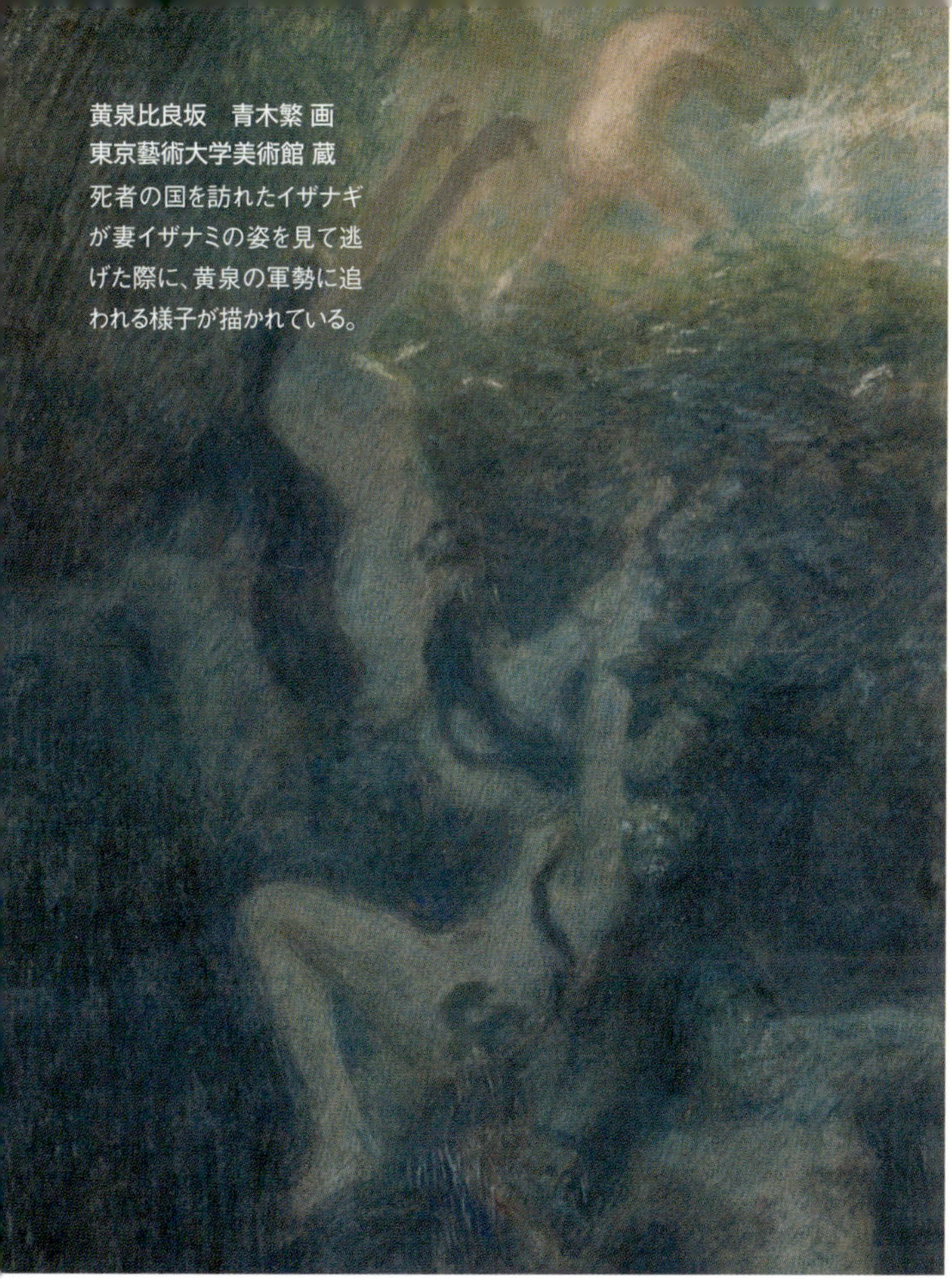

黄泉比良坂　青木繁 画
東京藝術大学美術館 蔵
死者の国を訪れたイザナギが妻イザナミの姿を見て逃げた際に、黄泉の軍勢に追われる様子が描かれている。

伊弉諾神宮
黄泉の国から帰ったイザナギが居を構えた地で、境内地にはイザナギの神陵が残っている。

イザナミ

生と死の象徴とされる、神々の母神

主な神社

花窟神社（三重県）
筑波山神社（茨城県）
伊佐奈弥宮
（伊勢神宮内宮、三重県）
全国の多賀社

イザナミは、イザナギとともに国土や神々を生み出した創造の女神であり、母神であると同時に死に関わる神という顔も併せ持っている。

神生みの最後に火の神カグツチを産んだイザナミは、陰部を火傷したことが原因で命を落としてしまう。これが記紀に描かれた最初の「死」の描写である。妻イザナミとの離別を諦めきれないイザナギは黄泉の国まで妻を連れ戻しにいくのだが、腐敗し雷神に取り囲まれた変わり果てた妻の姿を見て恐れおののいて逃げ帰ってしまう。屈辱を感じたイザナミは黄泉の軍勢を率いて夫を追いかけ、イザナギはこの世とあの世を隔てる黄泉比良坂《よもつひらさか》を大岩で塞ぎ、生と死の世界を永遠に分断するのである。これ以後、イザナミは黄泉の国にとどまり、黄泉津大神《よもつおおかみ》と呼ばれるようになる。

このように生の神から一転死の女神となったイザナミは、寿命を司る神として延命長寿

重要文化財　伊邪那美神坐像
熊野速玉大社 蔵
和歌山県立博物館 写真提供

イザナミは神々を産んだ「生」の象徴であるとともに、黄泉の国を司る「死」の象徴の神様となった。

などの神徳で信仰されるようになった。『古事記』でイザナミの墓所とされる比婆山の場所は諸説あるが、宮内庁では島根県松江市の岩坂陵墓参考地がイザナミの神陵としている。一方、『日本書紀』の記述にある熊野の有馬村（現、三重県熊野市）には、花窟《はなのいわや》神社があり、墓所とされる高さ約45メートルもの巨岩がある。

　熊野三所権現として本宮、新宮、那智の三社を祀ってきた熊野では祭神がさまざまな神仏と習合してきた歴史があり、熊野の地名は「隠国《こもりく》」が転訛《てんか》したものといわれ、そのため、地上にある浄土の地として平安時代には多くの皇族が熊野詣を行った。また英彦《ひこ》山で信仰された英彦山三所権現でも南嶽と中嶽の神はイザナギとイザナミであるとして信仰され、釈迦如来と千手観音が同一とされた。人が住むことが困難な山岳地帯は古来、神の世界とされ、仏教伝来後には浄土の世界とされた。そのため、生と死の神であるイザナギ・イザナミの二神は浄土信仰と結びつき、信仰されたのである。

花窟神社

イザナミの墓所とされる巨岩・花の窟をご神体とする神社で、近くには子のカグツチを祀る巨岩がある。

イザナギとイザナミ

イザナギとイザナミの神話には、最初の結婚の儀式や最初の死の描写など、「初」のエピソードが多い。

ククリヒメ

イザナギとイザナミを仲介した巫女的な神様

ククリヒメは『日本書紀』にたった一ヶ所だけ登場する謎の多い女神である。イザナギ・イザナミの二神が地上世界と黄泉の国を隔てる岩を間にいい争いをしているとき、その仲裁をしてイザナギを満足させた、とのみ記されている。生者と死者を仲介する巫女を象徴化したともいわれる。ククリヒメは北陸の霊山・白山《はくさん》の女神シラヤマヒメ、白山妙理《みょうり》権現と同一であるとされた。白山は、奈良時代の僧侶・泰澄《たいちょう》により開山され、越前の白山中宮や美濃の白山本地中宮など複数の拠点を擁する修験道の中心地として繁栄した。泰澄が修行中に女神に導かれて白山に登り十一面観音に出会った伝説から、白山妙理権現の本地仏は十一面観音とされる。ククリヒメと同一とされるシラヤマヒメを祀る白山《しらやま》比咩《ひめ》神社は全国に3000近くある白山社の総本社とされる。ククリヒメの「ククル」が「結ぶ」を意味することから縁結びの神様としても信仰される。

主な神社

白山比咩神社（石川県）
長滝白山神社（岐阜県）
全国の白山社

十一面女神坐像
福井県・八坂神社 蔵
越前町織田文化歴史館
写真提供

ククリヒメは白山の神で、十一面観音を本地とする白山妙理権現と同一視された。

日本の総氏神にして至高の神様

アマテラス

太陽の女神アマテラスは、日本の神々のなかでも最も有名な女神といえる。父イザナギが黄泉の国から帰ってきて禊《みそぎ》をした際、その左目を洗ったときに誕生したとされ、弟のツクヨミ、スサノオとともに最も尊い「三貴子」であると讃えられている。アマテラスを祀る神社といえば、神社界で別格の地位を誇る伊勢神宮である。「神宮」とつく神社はいくつかあるが伊勢神宮は唯一無二の存在であり、そのため、正式名称には伊勢はつかず「神宮」である。このほかアマテラスは全国の神明社や天祖社、皇大神社などで祀られている。

伊勢神宮では、20年に一度、社殿や宝物類を造り替える「式年遷宮」が行われるが、その歴史は古く、7世紀の持統天皇の時代にはじまる。また神仏習合が一般化した中世以降にも伊勢では仏教を隔離する風潮が強く、僧侶は「髪長」、経典は「染め紙」などと忌み言葉で仏教用語を避けるしきたりがあった。ただし仏教を完全に排除したわけではなく、

主な神社

伊勢神宮内宮（三重県）
東京大神宮（東京都）
天岩戸神社（宮崎県）
全国の神明社、天祖社

雨宝童子立像
三重県・金剛證寺 蔵
雨宝童子は、アマテラスと同一とされた大日如来の化身。三重県伊勢市にある金剛證寺の所蔵で伊勢信仰と密教のつながりを伝える。

一定の域外からは僧侶の参拝も許され、周囲には神宮寺をはじめとする寺院があった。神仏習合の時代には、アマテラスが大日如来の化身であるともされ、その姿は頭部に宝塔、手に宝珠を持った仏教色の強い雨宝童子《うほうどうじ》であらわされることも多かった。

伊勢信仰は、伊勢神宮の神職である御師《おんし》たちによって爆発的に流

天岩戸神話
アマテラスが天岩戸に隠れると世界は闇につつまれ、岩戸が開かれると再び光が戻った。太陽神としてのアマテラスの性格がうかがえる。

行する。御師は伊勢神宮のご神徳を伝え、お伊勢参りの旅の手配をするなど、旅行代理店のような役割を担った。村の人々がお金を出し合い、一人の村人に代参をさせる「伊勢講」のシステムが整備されると、江戸時代にはお伊勢参りは誰もが一生に一度はと願う憧れになった。

農業に関わる暦を司る神様

ツクヨミ

姉のアマテラス、弟のスサノオとともにイザナギから誕生した最も尊い「三貴子」に数えられる神様。その名が示す通りツクヨミは月の神様で、父神から夜の世界の統治を委ねられた。昔は月の運行から暦をつくったことから（太陰暦）、ツクヨミは暦の神様とされ、暦によって一年の仕事のサイクルが決まる農耕や漁業の神として信仰された。『日本書紀』の一書《あるふみ》には、姉神の使いとして食物の神ウケモチを訪ねたツクヨミが、口からさまざまな食物を吐いて生成させるウケモチをみて汚らわしいと激怒し、斬り殺してしまうという話が記されている。その後怒ったアマテラスは二度とツクヨミと顔を合わせなくなり、昼と夜が誕生したとされている。ツクヨミを祭神とする神社は少ないが、伊勢神宮では内宮の別宮・月読宮や長崎県壱岐市の月読神社などに同神を祀る。また阿弥陀如来を本地仏として祀っていた山形県の月山《がっさん》では、明治以降に月山神社と改称しツクヨミを祭神にしている。

主な神社

月読宮
（伊勢神宮内宮別宮、三重県）
月読神社（京都府）
月読神社（長崎県）

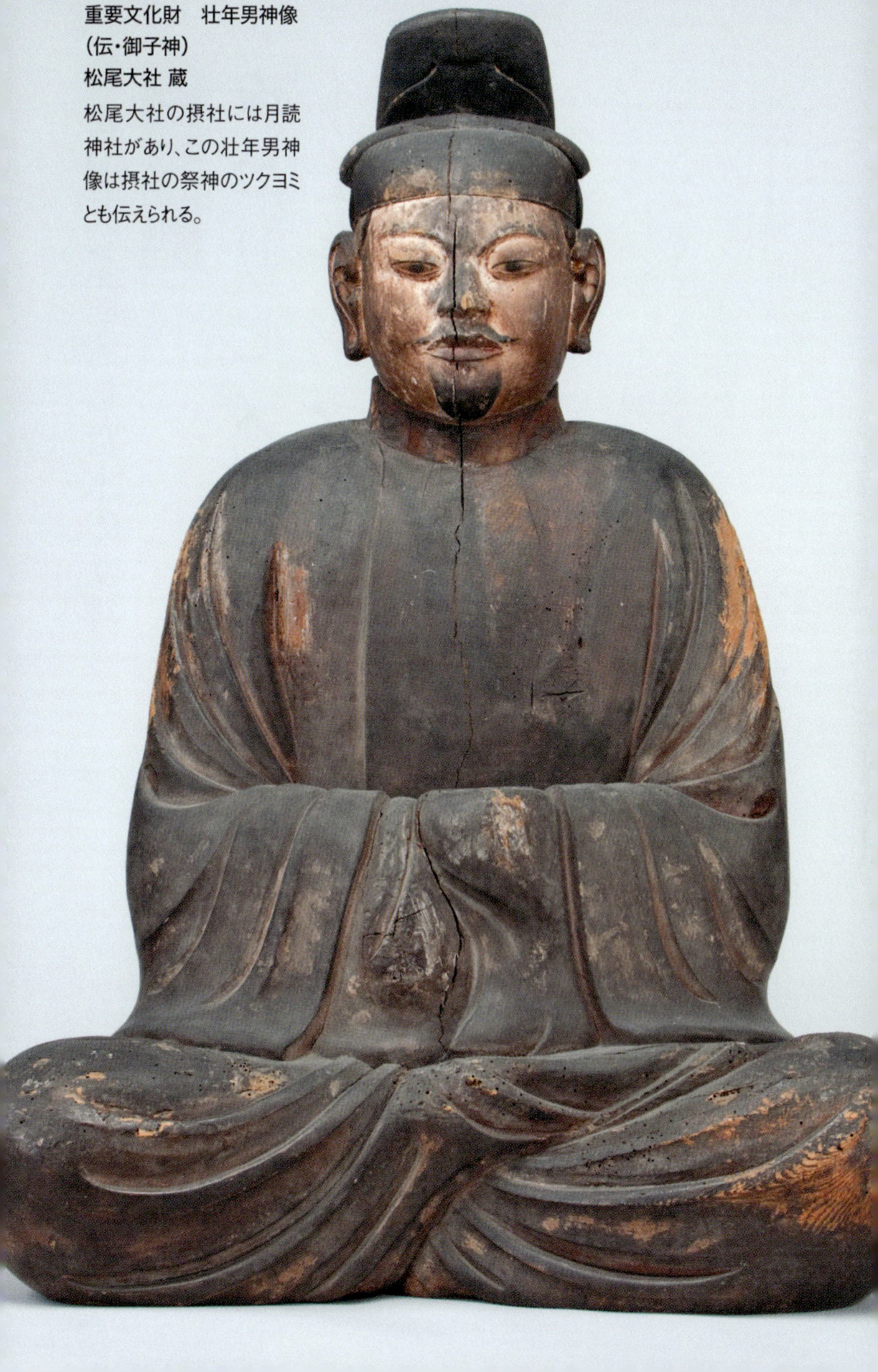

重要文化財　壮年男神像
（伝・御子神）
松尾大社 蔵

松尾大社の摂社には月読神社があり、この壮年男神像は摂社の祭神のツクヨミとも伝えられる。

弁財天と習合した水の女神

宗像三女神

タゴリヒメ・タギツヒメ・イチキシマヒメ

宗像《むなかた》三女神は、アマテラスとスサノオの誓約《うけい》（結果によって真実か嘘か見定める儀式）によってスサノオの娘として誕生した三柱の女神。信仰のルーツは福岡県の宗像大社で、3つの宮（宗像市の沖ノ島、大島、沿岸部の田島）に各女神を祀る。三女神の信仰は、とくにイチキシマヒメが弁財天と習合したことで全国的な広がりをもつことになった。弁財天、あるいは弁才天とも書くいわゆる「弁天様」は本来インドの川の神サラスヴァティで、イチキシマヒメとは水の女神という共通点がある。

弁天は音曲や芸事の女神として著名だが、財運、あるいは軍神として信仰されることも

主な神社

宗像大社（福岡県）
嚴島神社（広島県）
江島神社（神奈川県）
全国の厳島社

重要文化財　女神像
（伝・市杵島姫命）
松尾大社 蔵

松尾大社の祭神の一柱であるイチキシマヒメの像。宗像三女神は全国の厳島社で祀られている。

あった。一般的な琵琶を持つ姿のほか、人頭蛇身の宇賀神《うかのかみ》を頭にのせた宇賀弁天や、3つの蛇頭をもつ異形の天河弁財天といったバリエーションも存在する。弁天信仰の一大中心地である安芸国一宮の嚴島《いつくしま》神社のほか、神奈川県の江ノ島、琵琶湖の竹生島《ちくぶしま》など、本来海の女神であり航行守護の神でもある宗像三女神を祀る神社は島に創建された。

アメノオシホミミ

天上世界に残ったアマテラスの子

アメノオシホミミは、アマテラスと弟のスサノオが誓約を行った際に勾玉《まがたま》から誕生した神様で、アマテラスの子とされる。アメノオシホミミの「ホ」は「穂」のことで、穀物の豊かな実りを象徴する神様でもある。アマテラスが地上世界の統治に乗り出す際に、当初アメノオシホミミが送られる予定だったが、準備中に子のニニギが誕生したため、天上世界に残ることになったと伝えられる。

九州の修験道の中心地である英彦山にはアメノオシホミミが降臨したと伝えられ、「日の御子」であることから「ヒコ」の名になったとされる。江戸時代まで英彦山は3つの峰にオシホミミ（阿弥陀）、イザナギ（釈迦）、イザナミ（千手観音）を祀る英彦山三所権現として隆盛した。伊豆山神社（静岡県）や太郎坊宮（滋賀県）など、修験道との関係性が深い神社を中心に祀られている。

主な神社

英彦山神宮（福岡県）
伊豆山神社（静岡県）
西寒多神社（大分県）
二宮神社（兵庫県）

伊豆山権現立像
奈良国立博物館 蔵
（佐々木香輔 撮影）

アメノオシホミミは伊豆山や英彦山など、修験道が盛んな地域の神社で祀られるようになった。

天岩戸を開き、地上へ降り立った職能神

五伴緒

アメノコヤネ
フトダマ・イシコリドメ
タマノオヤ・アメノウズメ

主な神社

戸隠神社（長野県）
枚岡神社（大阪府）
安房神社（千葉県）
鏡作坐天照御魂神社（奈良県）
玉祖神社（山口県）

記紀神話には神の時代のさまざまな物語が記されているが、ひとつのクライマックスともいえるのがスサノオの乱暴を憂いてアマテラスが天岩戸《あまのいわと》に籠ってしまう「岩戸隠れ」の場面である。太陽神が岩屋（洞窟）に隠れるという行為は日食を神話化したものともいわれるが、これにより世界は闇に閉ざされ、邪《よこしま》な神が騒ぎ災いが巻き起こる事態となってしまう。これに対して高天原《たかまがはら》の八百万の神々は天安河原《あまのやすがわら》に集まって対応を協議し、知恵の神オモイカネらを中心に作戦を練り上げる。その作戦の実行役として登場するのがこの五柱の神々である。

天岩戸神話　神宮徴古館 蔵
天岩戸に登場する神々はそれぞれ得意ジャンルを持っており、職能神として信仰されている。

神々は勾玉や鏡などをつくり天岩戸の前に真榊を設置すると、祝詞を奏上し、アメノウズメが踊った。神々が笑い声をあげたことから、アマテラスは外の様子をいぶかしがって、天岩戸を開くことになった。これらは現在の神社の祭祀と共通点が多い。神社でも神前に鏡を置いて榊を供え、神職が祝詞を、巫女が神楽（踊り）を奏上する。まさに天岩戸で神々が行ったことが祭祀の原型になっているのである。

この岩戸隠れ神話に登場する神々の多くはその後、天皇（大王）に仕えた豪族の祖神となっている。最初に祭祀を行なったアメノコヤネとフトダマは、中臣《なかとみ》氏と斎部《いんべ》氏の祖、アメノウズメは猿女君《さるめのきみ》の祖神である。鏡を作ったイシコリドメは鏡作連《かがみつくりのむらじ》の祖、勾玉を作ったタマノオヤは玉造部《たまつくりべ》の祖神とされ、この鏡と勾玉は、やがて天孫《てんそん》ニニギに与えられて「三種の神器《じんぎ》」となるのである。この五柱はニニギとともに地上に降臨したことから、五《いつ》伴緒《とものお》と呼ばれる。各神々は職能神として各産業の守護神としても信仰されているほか、オモイカネは知恵の神様、天岩戸を開いたアメノタヂカラオは力の神様として信仰が篤い。

戸隠神社

アメノタヂカラオが投げ飛ばした天岩戸が飛来した場所と伝えられ、アメノウズメ、アメノタヂカラオ、オモイカネなどを祀る。

第三章 地上世界の神様

スサノオとクシナダヒメ

スサノオ

地上世界へ降り立った荒ぶる神様

イザナギの子、アマテラスの弟という高貴な出自にありながら、記紀神話中最大のトリックスターとして振る舞う神様がスサノオである。横暴な神スサノオは、天界を追放されて地上に降りると一転して巨大な怪物ヤマタノオロチを退治し、女神を救う英雄神へと姿を変える。このときスサノオがヤマタノオロチの尾からとりだした神剣はアマテラスに献上され、現在の皇室にまで伝わるとされる三種の神器の一つ、草薙剣《くさなぎのつるぎ》となっている。スサノオの「スサ」は凄まじい、荒《すさ》むなどと同義で荒々しいことを意味し、海原との関連性にも象徴されるように本来は嵐の神様であったとも考えられている。

スサノオは牛頭天王《ごずてんのう》として信仰され、「天王さん」として親しまれている。牛頭天王とは、牛の頭をつけた恐ろしい形相の神様で、もともとは天竺《てんじく》（インド）の祇園精舎《ぎおんしょうじゃ》の守護神だった。中国や朝鮮のさまざまな神々と習合しながら日本に伝わった極めて複雑な神様で、ルー

主な神社

八坂神社（京都府）
氷川神社（埼玉県）
全国の八坂社、天王社、氷川社、熊野社

国宝　家津美御子大神坐像
熊野速玉大社 蔵
和歌山県立博物館 写真提供

家津美御子大神はスサノオと同一と考えられており、熊野地方では地主神・善神として篤く信仰されている。

ツはチベットにまで遡るとさえいわれる。京都府の八坂神社の社伝では、新羅《しらぎ》国の牛頭山に座したスサノオを来朝した伊利之《いりし》が奉斎《ほうさい》したことが創始の起源とされ、スサノオは牛頭天王と同一視された。牛頭天王が信仰された最大の理由は、疫病をコントロールする疫神だったことにある。

蘇民将来《そみんしょうらい》伝説では、旅の途中のスサノオ（武塔神）がとある村で一夜の宿を頼んだところ、これを拒んだ巨旦《こたん》将来の一族は神が広めた疫病によって死に絶え、逆に快く受け入れた蘇民将来の一族は病から逃れて栄えたと伝えられる。毎年6月に行われる茅の輪《ちわ》くぐりの風習は、蘇民の一族が疫病から逃れるために茅の輪を目印に持ったというこの伝説がもとになったものだ。

有名な祇園祭も疫病除けの意味がある。医療技術が未発達な時代、病気の予防、治療はまさに切実な願いだった。こうした疫病除けの神様として、スサノオは信仰を広げ、全国に天王社、八坂社などが分霊され、現在も篤く信仰されている。

八坂神社

京都のランドマーク的な存在である八坂神社は疫病除けの天王信仰の中心的な存在である。

牛頭天王像
京都府・松尾神社 蔵
京都府立山城郷土資料館
写真提供

インドの神様である牛頭天王はスサノオと同一とされ、疫病除けの神様として広く信仰されるようになった。

地上世界を開拓した大いなる国の主

オオクニヌシ

　オオクニヌシは『古事記』における出雲系神話の主人公であり、スクナヒコナとともに地上界を開拓した国土創生の神様として知られる。出雲に降り立ったスサノオの子孫にあたり、横暴な兄神たちから逃れるために祖神であるスサノオが治める根《ね》の堅洲国《かたすくに》に赴き、その娘スセリビメと結ばれる。スサノオの神宝と妻を手に地上に戻ったオオクニヌシは兄たちを従えて地上界の主となり、「大国主」と呼ばれるのである。オオクニヌシはこのほか、オオナムチ（高貴な者）、アシハラシコオ（地上の屈強な男）、ヤチホコ（多くの武器を持つ者）などいくつもの別名を持つが、これは出雲から越《こし》（福井県）にいたる各地で信仰されていた神々がひとつの神格に習合されたためとも考えられている。

　神話ではこの後、国土創生を終えたオオクニヌシたちのもとに高天原の武神が訪れ、地上の統治権を手放す「国譲り」を迫る。オオクニヌシは巨大な社殿を建て自らを奉斎する

主な神社

出雲大社（島根県）
大神神社（奈良県）
氣多大社（石川県）
金刀比羅宮（香川県）
全国の出雲系神社

大己貴命立像
上野神社 蔵
京都国立博物館 写真提供

オオクニヌシは地上世界の神々のリーダー的な存在であり、旧暦10月にはオオクニヌシを祀る出雲大社に神々が集まるとされる。

ことを交換条件に国譲りを受け入れる。この神話を反映するように出雲大社は現存する神社のなかで最も高い社殿を持つが、古代の社殿はさらに壮大で、「雲太（雲は出雲、太は一の意味）、和二、京三」と謳われたように、大和（奈良県）の東大寺、京都の平安京大《だい》極殿《ごくでん》よりも大きい国内最大の建築物だったと考えられている。

中世になると、「大国」は「大黒《だいこく》」に通じることから仏教の大黒天と同一視されるようになった。大黒天はインド由来の天部の神様で、本来は強大な神通力を持ち人間の肉を食らうという恐ろしい神様だったが、オオクニヌシと同一視されることで、袋をかついだ柔和なダイコク様の姿が一般化していく。また延暦寺が厨房の神様として大黒天を祀ったことが広く庶民に親しまれるようになった要因ともいわれる。

近世には出雲の神職らによって「大黒講」組織が全国につくられ、出雲信仰が全国に普及する。また国学では、顕界《げんかい》（眼に見える世界）を治めるアマテラスとともに、幽界《ゆうかい》（眼に見えない世界）を治めるのがオオクニヌシであるとして重要視されていった。10月のことを神無月《かんなづき》というが、出雲では神存月《かみありづき》と呼ばれる。これは旧暦10月に出雲大社のオオクニヌシのもとに全国の神々が集まり、縁結びの会議を開くためとされる。このことから近年では縁結びの神様として篤く信仰されている。

大黒天像

オオクニヌシは大黒天と同一とされ、福の神として広く庶民にも信仰が広がっていった。

出雲大社

国譲りの条件として創建された出雲大社の境内からは巨大な柱が発見され、伝承通りの巨大建造物だったことがわかった。

スセリビメ

オオクニヌシと結婚したスサノオの娘

スサノオ・オオクニヌシ・スセリビメ

『出雲福神縁起』の絵で、オオクニヌシとスセリビメがスサノオに結婚の許しを請う様子が描かれている。

スセリビメはスサノオの娘にあたり、兄たちから逃れ根の堅洲国にやってきたオオクニヌシに出会い、一目で相思相愛になる。スサノオの試練を受けるオオクニヌシを手助けし、オオクニヌシが神宝を奪取して地上の主神となるための立役者的な役割を果たしたのもこの女神だ。こうしてオオクニヌシの正妻となったことから出雲系の神社で相殿や摂社の神として祀られることが多く、縁結びや夫婦円満の神徳が信じられている。

主な神社

大神大后神社
（出雲大社摂社、島根県）
那売佐神社（島根県）
全国の出雲系

穢れを祓う水の女神

セオリツヒメ

速い流れのある川にいる神様である。穢《けが》れを祓《はら》う役を担う「祓戸神《はらえどのかみ》」と呼ばれる四神のうちの一柱。穢れを祓うための祝詞「六月晦《みそか》の大祓《おおはらえ》の祝詞」では、地上で集められたさまざまな罪を川の瀬の流れにのせて海まで持ち出すのがこの女神だとされている。記紀にはその名が記されない謎の多い神様だが、江戸時代の国学では、イザナギが黄泉の国から帰った際の禊で生まれた八十禍津日神《やそまがつひのかみ》と同一であるとされた。

セオリツヒメ

記紀神話に登場しないが、水の流れで穢れを祓う神様として信仰されている。

主な神社

日比谷神社（東京都）
瀬織津姫神社（石川県）
早池峰神社（岩手県）

オオクニヌシを復活させた女神たち

キサガイヒメ・ウムギヒメ

キサガイヒメとウムギヒメは『古事記』の出雲系神話に登場する二柱の女神で、命を落としたオオクニヌシを復活させる重要な役柄を担う。オオクニヌシは兄神たちの罠にはめられ、焼けただれた岩を抱きかかえたことで大火傷を負ってしまう。そこに現れるのが出雲の母神的な存在であるカミムスヒに遣わされたキサガイヒメとウムギヒメである。キサガイヒメが貝殻の粉を集め、そこにウムギヒメの母乳を混ぜた妙薬を塗ることでオオクニヌシは息を吹き返すのである。

主な神社

天前社
(出雲大社摂社、島根県)
法吉神社(島根県)
岐佐神社(静岡県)

大穴牟知命　青木繁 画
石橋財団 蔵
兄神たちによって殺されたオオクニヌシはキサガイヒメ・ウムギヒメによって復活する。「死と再生」の象徴的なエピソードである。

女神たちはそれぞれ赤貝とハマグリの神格化で、古代には貝を使った火傷治療の方法が伝えられており、それを神話的に表現したものとも考えられている。島根県の出雲大社では、摂社の天前社《あまさきのやしろ》にこの二柱の女神が祀られ、その神話から看護の神様として信仰されている。また『出雲国風土記』では、キサガイヒメは出雲の有力な地方神である佐《さ》太《だ》大神の母で、聖地としても知られる加賀の潜戸《くけど》ゆかりの神様として記される。

全国の道場に祀られる武の神様

タケミカヅチ・フツヌシ

タケミカヅチは、火の神カグツチの血から誕生したとされる武の神様。フツヌシは物を切り裂く「フツ」という音を名前に持つ刀の神格化で、同じ武神として祀られることも多い。タケミカヅチを祀る鹿島神宮（茨城県）とフツヌシを祀る香取神宮（千葉県）は川の対岸にあり、二神の関係の深さがうかがえる。記紀神話ではオオクニヌシに国譲りを迫る先遣隊として送られたのがこの二神であり、またタケミカヅチは神武天皇が東征中に苦戦した折、霊剣フツノミタマを授けた。武の神様として全国の武道場の神棚には、中央にアマテラスを、左右にこの二神のお神札《ふだ》を祀っている。

民間信仰では地震鎮めの神様とされ、安政の大地震後にはナマズを押さえる鹿島神の浮世絵が多く刷られた。鹿島、香取両神は春日権現としても名高い。藤原不比等《ふひと》が鹿島神を氏神として大和に招き建立したのが春日大社のはじまりであり、全国の春日社に祀られている。

主な神社

春日大社（奈良県）
鹿島神宮（茨城県）
香取神宮（千葉県）
全国の春日社、
鹿島社、香取社

鹿島立神影図（部分）
奈良国立博物館 蔵
（森村欣司 撮影）

タケミカヅチ（上）とフツヌシ（下）は鹿に乗って、鹿島の地から奈良県の春日の地に来たと伝えられる。

鹿島神宮

国譲りを終えたタケミカヅチは鹿島の地に赴き、この地を開拓したと伝えられる。

国譲りに対抗したオオクニヌシの子

タケミナカタ

タケミナカタは、『古事記』ではオオクニヌシの子として登場する。高天原の武神に力比べを挑んで敗れ、諏訪《すわ》まで逃走したところで服従したとされるが、諏訪大社に伝わる縁起では諏訪の土着の神を平定してこの地に鎮まったとしている。タケミナカタは諏訪大明神として、鹿島、香取の祭神とならぶ東国の軍神として信仰されてきた。また諏訪大社では「鹿食免《かじきめん》」と呼ばれる護符を授与しており、これを持つと狩猟（殺生《せっしょう》）と肉食の罪から免除されるとして各地の猟師から求められた。諏訪大社の御頭祭《おんとうさい》という神事では現在でも鹿首の剝製が用いられるなど、狩猟と関わりの深い神様である。縁起によれば、その姿は蛇体であるともいう。諏訪大社は上社下社計4つの神社から構成され、明治時代まで世襲で継承されてきた最高神職の大祝《おおほうり》は在任中諏訪郡外への外出を禁じられるなど独特の習慣が伝えられていた。タケミナカタは全国5000社ともいわれる諏訪社に祀られている。

主な神社

諏訪大社（長野県）
全国の諏訪社

木造三十番神立像　諏訪大明神
埼玉県・春日神社 蔵
蕨市立歴史民俗資料館 写真提供

タケミナカタは千人力の腕力を持つ武の神様で、長野県諏訪地方を中心に信仰されている。

七福神のうち唯一の日本由来の神様

エビス神

ヒルコ・コトシロヌシ スクナヒコナ

「エビス・ダイコク」と並び称されるように、七福神のなかでも特に日本人に親しまれてきたエビス神。毘沙門天、弁天、大黒天はインドを、布袋、福禄寿、寿老人は中国をそれぞれルーツとする神だが、エビスだけは日本古来の土着の神様とされる。

エビス神とされる神様は複数存在するが、いくつかの共通点がある。まず親が偉大な神様である点だ。ヒルコは国生み・神生みを行ったイザナギ・イザナミの子、コトシロヌシは地上世界を開拓したオオクニヌシの子、そしてスクナヒコナは造化の三神の一柱・カミムスヒの子である。また「エビス」には外から来るもの、辺境のものとの意味もあり、浜

主な神社

西宮神社(兵庫県)
美保神社(島根県)
少彦名神社(大阪府)
全国のえびす社、出雲系神社

恵比寿像

福の神とされるエビス神は海に関係する神様で、釣り竿や鯛を持っている姿であらわされる。

に流れ着く漂着物や打ち上げられたクジラなどもエビスと呼ばれ、豊漁をもたらす神霊として信仰対象になっていた。ヒルコは不完全な体であったため葦船《あしぶね》に乗せ海に流されたと伝えられ、スクナヒコナは海の彼方にあるとされる常世の国から来訪し、オオクニヌシと国づくりを行った。コトシロヌシは、高天原から国譲りの先遣隊がやってきたとき海で釣りをしていたと伝えられる。いずれも海に関係する神様で、エビス神は、釣り竿や鯛を持った姿とされることが多い。エビス神は庶民が素朴に信仰した神様であり、豊漁、豊作、昌運などさまざまなご神徳をもたらしてくれる福の神様として幅広く親しまれている。

エビス神を祀る神社として、全国3500社のえびす社の総本社とされる兵庫県の西宮神社（祭神ヒルコ）、同じくえびす社の総本社とされる島根県の美保神社（祭神コトシロヌシ）、大阪府の少彦名神社（祭神スクナヒコナ）などがある。

西宮神社

「西宮のえべっさん」として親しまれ、正月の福男選びは全国的に知られている。

第四章
古代日本の神様

神武天皇の祭祀　神宮徴古館 蔵

● 地上に降り立ったアマテラスの孫

ニニギ

ニニギは、アマテラスの孫にあたることから天孫と呼ばれ、地上に降り立ち皇室の祖となった神様である。稲の豊穣に関わる穀物の神様でもある。本来であれば父オシホミミが担うはずだった地上界の統治を託され、多くの神々を率いて日向《ひむか》の高千穂に天下る。この地は、霧島連峰の高千穂峯、あるいは宮崎県高千穂町とされている。ニニギの母方の祖父は、世界に最初に現れた神様・造化の三神の一柱のタカミムスヒで、高天原を差配する最高位の神様である。ニニギはアマテラスとタカミムスヒという高天原の中心的な神々を祖父母にもつ、最高の貴公子なのである。

天下りは「天孫降臨」と呼ばれるが、このときニニギは、その後多くの氏族の祖先となる神々とともに、のちに皇室の至宝となる鏡、玉、剣の「三種の神器」や、祖母アマテラスに託された稲穂も携えて地上に降《くだ》っている。天孫降臨は、記紀神話のなかでもとりわけ

主な神社

霧島神宮（鹿児島県）
新田神社（鹿児島県）
高千穂神社（宮崎県）
射水神社（富山県）
常陸國總社宮（茨城県）

天孫降臨　神宮徴古館 蔵

アマテラスの命を受けた孫のニニギは三種の神器と天上世界の神々とともに地上へと降臨した。

重要な一大イベントとして描かれているのだ。
また『日本書紀』には、降臨にあたりアマテラスが下した3つの神勅《しんちょく》（神の命令）が記されている。「アマテラスの子孫が永遠に地上の国を統治するべし」「神鏡をアマテラス自身と思って大切に祀るべし」「授けた高天原の稲穂を大切に育てるべし」という3つの神勅である。このことは、宮中や全国の神社で行われる祭祀が稲に関わるものが多いことにつながっている。

神社の祭神としてのニニギは、妻コノハナノサクヤヒメなどの相殿の神として祀られることが多い。降り立った高千穂といわれる南九州の霧島近辺では、霧島神宮、新田神社などの主祭神として信仰されている。霧島は古来より修験道の盛んな土地で、山には多くの神社仏閣が並び立っていた。霧島神宮は江戸時代までは西御在所六所権現と呼ばれた神仏習合の霊場で、狭野《さの》大権現など6つの社からなる霧島六社権現を束ねていた。その祭神にはニニギを筆頭に、コノハナノサクヤヒメ、子の山幸彦、その妻トヨタマヒメなど当地にゆかりの深い神々が並ぶ。

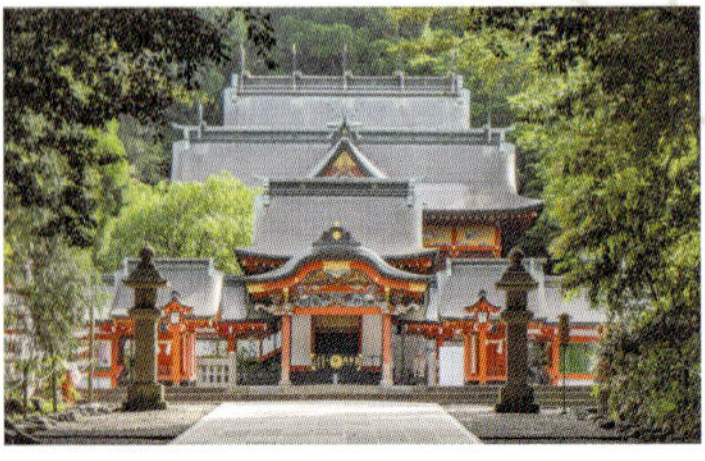

霧島神宮
ニニギが降臨したという高千穂峯の麓にあり、ニニギやその妻子などを祀っている。

宝鏡奉斎の神勅

アマテラスは孫に三種の神器を与え、アマテラスの代わりとして鏡を祀るように伝えた。

ニニギの妻にして富士山の守護神

コノハナノサクヤヒメ

コノハナノサクヤヒメは山の神様（オオヤマツミ）の娘で、天孫ニニギの妻となった女神である。記紀にはニニギが笠沙《かささ》の岬でコノハナノサクヤヒメと出会い名前を尋ねる場面が描かれている。古代には男が女に名を問うことは求婚を、名を教えることはそれを受け入れたことを意味したといわれる。父である山の神様は2人の結婚を喜び、姉の岩の女神・イワナガヒメもともに嫁がせようとしたが、ニニギは姉が醜いことを理由に断った。そのため、ニニギの子孫は岩のような長命ではなく、神でありながら人間と同じ寿命になったという。

コノハナノサクヤヒメは、江戸時代になると富士山の女神として信仰されるようになった。平安時代の初期、富士山頂で白衣の美しい女2人が舞う姿が目撃され「浅間大神」と名付けられたとの記録があり、富士山の神様は女神だと信じられていた。そのため山の神

主な神社

富士山本宮浅間大社（静岡県）
霧島神宮（鹿児島県）
木花神社（宮崎県）
都萬神社（宮崎県）
全国の浅間社

木花開耶姫木像
河口浅間神社 蔵
朝日新聞社 写真提供

コノハナノサクヤヒメは山の神様の娘として富士山の守護神とされ、全国の浅間社に祀られている。

様の娘であるコノハナノサクヤヒメと習合したと考えられる。浅間大神は中世には浅間大菩薩と呼ばれ、大日如来と同一とされた。

日本最高峰の富士山は霊山としても最古級の歴史をもつ。富士山本宮浅間大社では、平安時代の将軍・坂上《さかのうえの》田村麻呂《たむらまろ》が富士山の神様を山麓に遷し祀ったことをもって創建と伝えられる。また最古の物語のひとつとして知られる『竹取物語』のかぐや姫も、後世には富士山の女神と同一視されるようになった。

こうした富士信仰の中心的な神社には、静岡県の富士山本宮浅間大社、山梨県の北口本宮富士浅間神社、甲斐国一宮の浅間神社などがある。ほかの霊山と同様に富士山でも修験道が栄え、江戸時代には富士修験者の布教がきっかけとなって江戸の町で富士信仰、富士講が大流行した。富士講では御師《おし》たちに先導されて富士登山を行うが、さらに身近に富士登山のご利益が得られるようにと、江戸市内には町々に多くの富士塚（富士山を模した塚）が築かれるようになった。

富士山本宮浅間大社（静岡県）
コノハナノサクヤヒメを祭神としており、花の女神にちなんで500本の桜が植えられている。

富士山とともに描かれたコノハナノサクヤヒメ
美しく咲く木の花の意味であるコノハナノサクヤヒメは、日本神話で美しい女神として描かれている。

天孫を地上世界まで案内した導きの神様

サルタヒコ

天孫ニニギの地上降臨の際、天八衢《あめのやちまた》という天地を隔てる難所に立って一行を迎え、地上までの道を案内した神様。その容貌は鼻が七咫《あた》、身長が七尋《ひろ》（2メートル以上）、目はホオズキのように赤く輝くという異形だった。迎えられたニニギはアメノウズメを遣わせて素性を問いただしている。民間伝承では、その後サルタヒコとアメノウズメは結婚したとされ、二神を祀る神社もある。現在でも神事の行列の先頭にサルタヒコ役が立って先導する様子が見られるが、天狗の面をつけ矛を持った特異な姿で現されることが多い。

導きの神様であると同時に、道の神、村境から悪神や疫病などの悪いものが入らないよう防ぐ「塞《さい》の神」としても庶民から信仰された。また「サル」という連想から、庚申《こうしん》の夜（60日ごとにくる日）を寝ずにすごす庚申待《まち》の神、青面金剛《しょうめんこんごう》とも習合する。このような庶民の信仰と結びついたことで、サルタヒコは最も身近な神様として広く親しまれるようになった。

主な神社

猿田彦神社（三重県）
椿大神社（三重県）
二見興玉神社（三重県）
白髭神社（滋賀県）
全国の猿田彦社

サルタヒコ

三重県を中心に多く祀られており、もともと伊勢地方にあった土着の太陽信仰を神格化した神様ともいわれる。

初代神武天皇を産んだ海神の娘

タマヨリヒメ

タマヨリヒメは「霊魂の依りつくヒメ」の意味で、本来は固有名詞というよりも広く巫女のことを指し示す名前だった。そのため、祭神としてのタマヨリヒメにもいくつかの系統が存在する。そのひとつが、海の神様（ワタツミ）の娘のタマヨリヒメである。姉が地上に残してきた子（ウガヤフキアエズ）の養母として地上に送られたタマヨリヒメは、自らが育てたこの神様と結ばれて神武天皇を産むことになる。

その神話から子授けや子育ての女神として祀られることが多く、また海の神様の娘であることから龍神とされることもある。記紀神話に登場するタマヨリヒメと同名の女神が下鴨神社の祭神である。下鴨神社のタマヨリヒメは古代豪族賀茂氏の祖神として信仰された。その子は上賀茂神社の祭神と伝えられる。いずれも「神の妻」であった巫女の側面を残している。

主な神社

宮崎神宮（宮崎県）
竈門神社（福岡県）
玉前神社（千葉県）
知立神社（愛知県）

玉依姫命坐像　川村雅則佛像彫刻記念館 蔵

名の「タマヨリ」は「霊（たま）が憑（よ）りつく」に通じることから、巫女的な性格がうかがえる。

宮崎神宮

初代神武天皇とともに父母であるウガヤフキアエズとタマヨリヒメを祀る。

山幸彦

海神の宮を訪れた神武天皇の祖父

天孫ニニギとコノハナノサクヤヒメの間に生まれた子で、山幸・海幸神話では、山幸彦は兄の海幸彦の釣り針をなくしてしまい、これを探してたどりついた海神《わたつみ》の宮でトヨタマヒメと結ばれる。そして義父となった海神から潮の干満を操る宝玉を授かることで兄を制し、地上の統治者となるエピソードが描かれている。この神話から山幸彦は妻トヨタマヒメとともに祀られることが多く、若狭国一宮若狭彦神社・若狭姫神社ではそれぞれの祭神を山幸彦とトヨタマヒメであるとする。

ニニギ、ウガヤフキアエズ、山幸彦の三代の神は日向に宮を築いたとの伝承から日向三代と呼ばれ、山幸彦の宮跡との伝承を残す大隅国一宮の鹿児島神宮では山幸彦とトヨタマヒメが祀られている。鹿児島神宮は神仏分離以前には大隅正八幡宮と呼ばれ八幡信仰の総本社を称したが、現在八幡神は相殿の祭神となっている。

主な神社

鹿児島神宮（鹿児島県）
青島神社（宮崎県）
若狭彦神社・若狭姫神社（福井県）

山幸彦とトヨタマヒメ

兄・海幸彦の釣り針をなくした山幸彦は海神の宮まで探しに行き、海神の娘・トヨタマヒメと結婚した。

神武天皇

126代続く天皇家の初代天皇

アマテラスの五世の孫にあたり、ニニギのひ孫にあたる神武天皇は、名前をカムヤマトイワレヒコといった。地上世界の統治を命じられた天孫ニニギは、日向の地に宮を営み、3代にわたってこの地を統治した。その後、イワレヒコは東方に地上世界を治めるにふさわしい地があると聞き、「東征」へと旅立った。

日向の地を船出したイワレヒコ一行は九州北部、瀬戸内海を経由して大阪府の河内平野へとたどり着くが、そこで強敵ナガスネヒコと戦い、兄を失ってしまう。イワレヒコは「太陽の神様の子孫である我々が、太陽が昇る東に向かって進軍することは間違いだった」として、紀伊半島を迂回して熊野の地に入り、見事ナガスネヒコを打ち破ることに成功した。そして山深い熊野の地を3本の足を持つ霊鳥・八咫烏《やたがらす》に導かれて、大和の地に入り初代天皇として即位したという。

主な神社

橿原神宮（奈良県）
多坐弥志理都比古神社（奈良県）
宮崎神宮（宮崎県）
狭野神社（宮崎県）

神武天皇　神宮徴古館 蔵

カムヤマトイワレヒコは九州南部から
瀬戸内海、熊野地方を経て大和へと
入り、初代神武天皇に即位した。

イワレヒコが即位した辛酉年1月1日は現在の暦では2月11日とされ、建国記念日となっている。壬申の乱の際に大海人皇子が神武天皇陵に供物を捧げさせたとの記述があるが、その後は陵《みささぎ》の位置も不明となったが、江戸時代に国学が盛んになるとクローズアップされ、文久年間（1861～1864）に幕府によって陵の修復が行われた。

神武天皇が宮を営んだとされる奈良県橿原市に橿原神宮が創建されたのは明治23年（1890）のことで、昭和15年（1940）の「神武天皇即位紀元二千六百年」にはさらに大規模に改修がなされた。神武天皇の出発地である宮崎県を中心に九州で多く祀られている。また熊野地方には多くの足跡地が残っている。

橿原神宮

神武天皇が宮を営んだ地に創建された神社で、神社の北側には神武天皇陵がある。

神武天皇像（奈良県）
牛石ヶ原にある像で、八咫烏に導かれた神武天皇が国見をした場所と伝わる。

卑弥呼説もある7代天皇の皇女

ヤマトトトヒモモソヒメ

ヤマトトトヒモモソヒメは7代孝霊《こうれい》天皇の皇女で、四道将軍の一人キビツヒコの姉である。大神《おおみわ》神社がある三輪山の神様・オオモノヌシと結ばれた神話があり、神様の真の姿が蛇であることを知ると、陰部を箸で突き刺して亡くなってしまった。ヒメの亡骸は巨大な墓に葬られた。この墓が最古の前方後円墳とされ、卑弥呼の墓ともいわれる箸墓《はしはか》古墳である。モモソヒメはオオモノヌシの妻となる前にもこの神様の依代《よりしろ》となって託宣を下したことがあり、彼女が卑弥呼のように神と交感する巫女的な存在であったことを物語っている。

モモソヒメを祭神として祀る神社は多くはないが、香川県の田村神社などで主祭神となっている。田村神社ではモモソヒメが龍の姿になって飛来したと伝わり、田村神社本殿の床下には龍穴があるとされる。またモモソヒメの弟であるキビツヒコを祀る岡山県の吉備津彦神社の相殿にも祀られている。

主な神社

水主神社(香川県)
田村神社(香川県)
岡山神社(岡山県)
吉備津神社(岡山県)

龍神像(田村神社境内)
田村神社の社伝では、ヤマトトトヒモモソヒメは龍の姿になって讃岐の地に飛来したとされる。

ヤマトトトヒモモソヒメ像(田村神社境内)
モモソヒメは、桃太郎伝説が伝わる岡山県の吉備津彦神社の祭神キビツヒコの姉である。

古代日本を発展させた10代天皇

崇神天皇

崇神《すじん》天皇は第10代の天皇である。記紀において、初代天皇神武の即位以降の2代綏靖《すいぜい》天皇から9代開化《かいか》天皇までの記述は、宮の置かれた場所や妃、子女などの系譜が淡々と記されるばかりで、ほぼ事績らしいものがない。そのため2~9代の天皇は歴史を欠いているという意味で「欠史《けっし》八代《はちだい》」とも呼ばれる。

崇神天皇はこの欠史八代の直後に続く天皇で、『古事記』はここから豊かな事績や逸話が復活している。そのため崇神天皇を実在が確かな最初の天皇だとする説があり、初代神武天皇と同一の「ハツクニシラス天皇《すめらみこと》」との諡号《しごう》が贈られていることから、実在の初代天皇は崇神ではないかと考える説も唱えられている。

崇神天皇の事績には大きく2つの特徴があり、ひとつは各地に軍を送ってヤマト王権の勢力図を広げたという軍事面での功績が大きいこと、もうひとつは神々が登場する呪術的

主な神社

吉備津彦神社
（岡山県）
天日陰比咩神社
（石川県）
天皇社
（大神神社末社、奈良県）
崇神天皇社
（出雲大神宮末社、京都府）

な内容がかなりの比重を占めていることである。軍事の面では、北陸や中国地方に四道将《しどう》軍と呼ばれる四人の皇族将軍を派遣し、それぞれの土地の「まつろわぬ民（抵抗勢力）」を従えたことが記されている。『日本書紀』には出雲臣の祖である出雲振根《ふるね》が反乱めいた行動を起こしたために討伐したとの話もある。

そしてもう一方の、神々にまつわる行動の多さこそが崇神天皇の最大の特徴であるといえる。記紀によれば崇神天皇の時代には民が絶えかねないというほどの恐ろしい疫病が流行したが、天皇は自ら床につき夢枕に神様のお告げを受けた。このお告げに従って三輪山の神様オオモノヌシを祀り、要衝の地の神に盾と矛を供え、山や川の祀るべき神々すべてに供え物を捧げることで天皇は疫病を鎮めた。さらに『日本書紀』には、天皇がアマテラスと倭大國魂《やまとおおくにたま》の二柱の神の神威を畏れて御殿の外で祀らせるようになったという記述がある。こうしてアマテラス（八咫鏡）は大和から移され、各地を巡ったのちに、現在の伊勢神宮に奉斎されるようなった。また倭大國魂は大和《おおやまと》神社に祀られた。

現在、崇神天皇を主祭神として祀る神社は数は多くないが、同天皇の宮跡伝承地に建てられた奈良県桜井市の天皇社など崇神天皇の代に創建された多くの神社が現在も残っている。崇神天皇は、自らが祀る側に立つ、まさに「神を崇《あが》める」天皇だったといえる。

重要文化財　男神坐像
（伝・崇神天皇像）
伊奈冨神社 蔵

崇神天皇は、数多くの祭祀と各地の平定によって古代日本の礎を築いたと伝えられる。

各地を平定した4人の皇族

四道将軍

オオヒコ
タケヌナカワワケ
キビツヒコ・タンバミチヌシ

崇神天皇の時代に各地の「まつろわぬ民（抵抗勢力）」を従えるために派遣されたという四人の将軍たちで、『日本書紀』では北陸に向かったオオヒコ、東海のタケヌナカワワケ、丹波のタンバミチヌシ、西道（中国地方）のキビツヒコとされる。将軍たちは天皇に近い皇族であり、古代日本における各地の統一をシンボライズした神々とされる。埼玉県の稲荷山古墳から出土した鉄剣には「意富比垝《おほひこ》」と刻まれ、四道将軍の一人オオヒコとする説がある。オオヒコとタケヌナカワワケは親子であり、各地を平定したのちに再会した地が

主な神社

伊佐須美神社（福島県）
敢國神社（三重県）
吉備津神社（岡山県）
神谷太刀宮神社
（京都府）

「会津《あいづ》」と呼ばれ、福島県の会津にある伊佐須美《いさすみ》神社には二神が祀られている。キビツヒコは「吉備大明神」として信仰された。虚空蔵菩薩と同一とされ、知恵の神として信仰されている。京都府の神谷太刀宮《かみたにたちのみや》神社には宝剣が納められ、タンバミチヌシが祀られている。

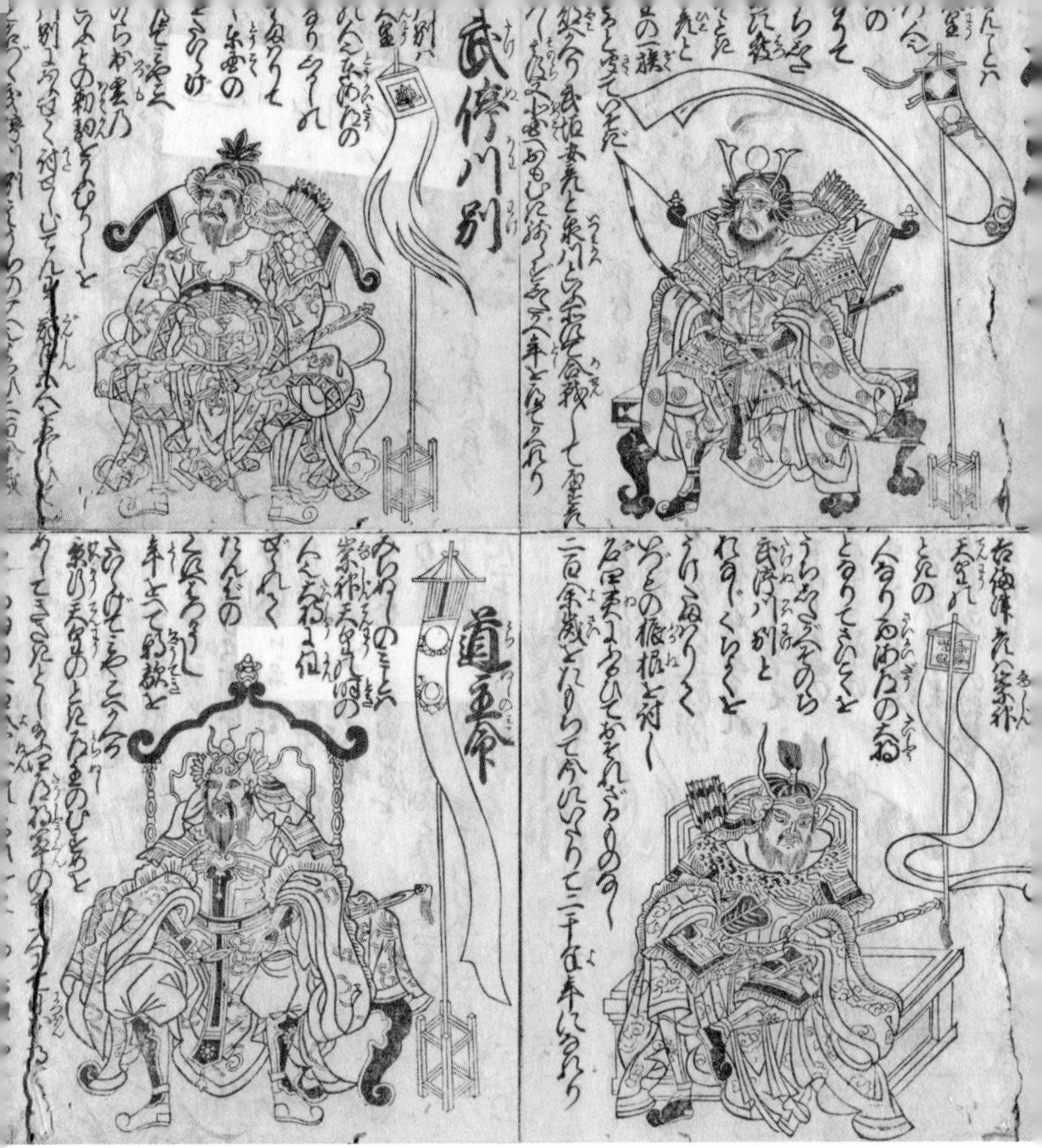

本朝百人武将傳

オオヒコ（右上）、タケヌナカワワケ（左上）、キビツヒコ（右下）、タンバミチヌシ（左下）の四道将軍が描かれている。

ヤマトタケル

九州から東北まで日本全国を平定した英雄

12代景行《けいこう》天皇の皇子ヤマトタケル（オウス）は、双子の兄オオウスを誤解から殺害してしまったことを父に恐れられ、九州の熊襲《くまそ》討伐を口実に大和から遠ざけられた。オウスは熊襲の長クマソタケル兄弟を討ち果たし、クマソタケルからヤマトの勇者を意味する「ヤマトタケル」の名を贈られた。征西に続いて、神剣・草薙剣《くさなぎのつるぎ》を手に東征を成し遂げるものの、帰郷の直前で土地神の怒りに触れて命を落としてしまう。その魂は白鳥に姿を変えて都に戻ったと伝えられる。ヤマトタケルの事績の多さや「ヤマトタケル」の名から、古代における複数の人物を一人に集約したものとする説がある。ヤマトタケルにまつわる社伝を残す神社は九州から東北までほぼ全国に及ぶ。陵墓とされる白鳥陵《しらとり》は大阪、奈良、三重の3ヶ所にあり、魂である白鳥が降り立った伝説は北は宮城県の苅田峰《かったみね》神社から南は香川県の白鳥神社まで各地にある。また愛知県の熱田神宮では草薙剣をご神体としている。

主な神社

熱田神宮（愛知県）
大鳥大社（大阪府）
建部大社（滋賀県）
吉田神社（茨城県）
全国の白鳥社、大鳥社

日本武尊　神宮徴古館 蔵

東征の際に火攻めにあったヤマトタケルは神剣で草を薙いで難を逃れたことから「草薙剣」の名がつけられた。

熱田神宮

ヤマトタケルの妻ミヤスヒメが形見の草薙剣を奉斎して創建された。

神功皇后

八幡神を産んだ聖なる母

神功《じんぐう》皇后は14代仲哀《ちゅうあい》天皇の后で、応神天皇の母。夫に代わり朝鮮半島に遠征した「三韓征伐」の神話などで知られる。仲哀天皇は熊襲討伐のために筑紫に遠征するが、そこで下った「海の向こうに豊かな国がある」との神託を信じなかったため神の怒りに触れて急逝してしまう。神功皇后はこのとき臨月の体であったが、腹に鎮懐石《ちんかいせき》という小石を当てるまじないをして出産を遅らせ、男装して自ら軍を率いると新羅など朝鮮半島の国々を服属させた、というのが「三韓征伐」神話のあらましである。

こうした伝承から神功皇后の信仰範囲は北九州を中心に主に西日本に厚く広がっている。遠征ののち無事に立派な皇子を出産したという神話から「聖母《しょうも》」「聖母大菩薩」とも呼ばれ、安産や子育ての守り神として信仰された。江戸時代まで神功皇后陵とされていた奈良県の佐紀陵山古墳（現在の日葉酢媛《ひばすひめ》陵）には、この陵の小石を持って帰ると安産のお

主な神社

香椎宮（福岡県）
宮地嶽神社（福岡県）
聖母宮（長崎県）
気比神宮（福井県）
全国の八幡社、住吉社

神功皇后山車人形
日枝神社 蔵
かつては天皇の一人にも数えられていた神功皇后は、八幡信仰、住吉信仰の広がりとともに各地で祀られている。

守りになるという鎮懐石にちなんだ民間信仰があった。

聖母信仰の中心となったのは、古くは香椎廟《かしいびょう》と呼ばれた福岡県の香椎宮で、ここは筑紫で崩じた仲哀天皇を皇后が自ら祀った社とされる。のちに神功皇后も合わせ祀られたことで、現在まで仲哀、神功の夫妻を主祭神としている。

三韓征伐神話には皇后の進軍をサポートする重要な神様として住吉三神が登場する。大阪の住吉大社には三神とともに神功皇后が祀られ、四柱をあわせて住吉大神と呼ぶこともある。古来多くの和歌に読まれた名勝地・住吉の神様とされたことで、皇后は江戸時代には文芸の神様としても信仰されるようになった。三韓征伐を行ったことから足跡地である瀬戸内海から九州北部、壱岐、対馬などに多く祀られている。

聖母としての神功皇后は、子の応神天皇を祀る八幡宮でも重要な存在である。八幡社の総本社である宇佐神宮では八幡大菩薩とともに聖母大菩薩（神功皇后）と比売《ひめ》大神が合わせて祀られ、聖母の本地仏は阿弥陀如来であるとされた。

香椎宮

崩御した仲哀天皇の神霊を祀るために神功皇后が祠を建てたことにはじまり、のちに神功皇后も合わせ祀られた。

三韓征伐　神宮徴古館 蔵
神功皇后は身重のまま海を渡り、帰国後に応神天皇を出産した。左が神功皇后、右が武内宿禰、抱かれている赤子が応神天皇。

武内宿禰

5代の天皇に仕えた長寿の神様

武内宿禰《たけのうちのすくね》は12代景行天皇から16代仁徳《にんとく》天皇まで五代の天皇に仕えたとされる。200歳とも300歳ともいわれる非常な長命で、子孫からは紀氏、葛城氏、蘇我氏などの古代有力豪族が数多く輩出し、28もの氏族の祖と仰がれる。日本の最初の大臣ともされ、戦前には一円札の肖像として親しまれた。

武内宿禰は神功皇后の忠臣として、カゴサカ・オシクマ二皇子の反乱に対しては機知をきかせて勝利をもたらしている。このため応神天皇・神功皇后を祭神とする八幡系の神社では武内宿禰を祀る高良《こうら》社を置くところが多い。また『因幡国《いなばのくに》風土記』には、武内宿禰が360歳のときに因幡を訪れ、姿を隠したとの伝承があり、その地に創建されたとする宇倍神社に祀られている。また筑後国一宮高良大社では主祭神を武内宿禰であるとし、健康や長寿の神として信仰されている。

主な神社

高良大社（福岡県）
宇倍神社（鳥取県）
武雄神社（佐賀県）
全国の高良社

武内宿禰山車人形
日枝神社 蔵
5代の天皇に仕えた武内宿禰は300歳を超える長命だったといわれ、長寿の神様として信仰されている。

応神天皇

八幡神とされる皇室の守護神

応神天皇は第15代の天皇で名を「ホムタワケ」という。父は仲哀天皇で母の神功皇后は身重の体で朝鮮半島への遠征に赴き、そののちに無事に皇子を出産したとの伝説がある。生まれたばかりの皇子の腕に「ホムタ（鞆《とも》、弓を使用するときに左腕につける武具）」のような特徴があったことから、胎内にいながらすでに軍を率いていたという意味で「胎中天皇」ともいわれる。『日本書紀』には、中国大陸や朝鮮半島から進んだ文物を導入し、弓月君《ゆづきのきみ》や学者の王仁《わに》ら渡来人を重んじて国を発展させた天皇であると記されている。また記紀の内容はこの天皇を境に神話から歴史的な叙述へと比重が移っており、神代と人の時代の境に位置する存在であり、実在が確かな最初の天皇とする説もある。

神社の祭神としての応神天皇は「八幡様」の名前で広く親しまれている。全国に4万社以上ともいう屈指の分社数を誇る八幡社の総本社は大分県の宇佐神宮で、八幡神が最初に

主な神社

宇佐神宮（大分県）
筥崎宮（福岡県）
石清水八幡宮（京都府）
鶴岡八幡宮（神奈川県）
全国の八幡社

重要文化財　八幡神坐像
赤穴八幡宮 蔵
八幡神は全国で最も多く祀られている神様といわれ、15代応神天皇と同一視されている。

姿を現した場所との伝説がある。社伝等によれば、29代欽明《きんめい》天皇の時代に8つもの頭をもつ怪奇な翁が出現した。その翁が3年後に3歳の童子へと姿を変え「我は応神天皇にして護国霊験威身神大自在王菩薩である」と正体を明かしたといわれる。

また八幡という名前は「八つの幡として天降り、日本の神となろう」と宣言して宇佐に降り立ったという外来の神様の伝説に由来するともいわれ、さまざまな神話が一体となって生まれたのが八幡信仰である。そのため、八幡社は寺社のなかでも早い段階で神仏習合が進み、八幡神をあらわす神像は剃髪し法衣をまとった僧形（僧侶の姿）であらわされることが多い。また一般的に神功皇后、比売大神とともに八幡三所権現として祀られた。

八幡神は、東大寺の大仏建立の際に真っ先に守護神となることを誓ったといわれる。また奈良時代には権勢を誇った道鏡《どうきょう》が皇位を狙った際には、和気清麻呂《わけのきよまろ》に皇統を維持するべきとのお告げを下した逸話が知られる。

平安時代になると宇佐での託宣をもとに平安京を守護する男山八幡宮（石清水八幡宮）が勧請《かんじょう》され、伊勢神宮とならぶ国家の宗廟として朝廷はじめ京の人々からの信仰を集めるようになった。さらに源義家、頼朝ら源氏からも崇敬されたことで鎌倉にも鶴岡八幡宮が勧請され、武家の神様としても全国に広まっていった。

宇佐神宮

約1400年前に八幡神が現れたと伝えられ、全国の八幡社の総本社となっている。

第五章 自然界の神様

那智参詣曼荼羅（部分）　補陀落山寺 蔵

国土の約7割を占める山の神様

オオヤマツミ

山を司る神様で、『古事記』ではイザナギ・イザナミ両神の国生みの際に誕生したとされる。娘である富士山の女神コノハナノサクヤヒメは天孫ニニギの妻となるが、これは天皇家の血筋が山（地上）の霊力を得て統治の正統性をもったことを意味する。日本では山は人が住まない神の領域と考えられ、オオヤマツミは広く信仰された。大山祇《おおやまつみ》神社の総本社は伊予国一宮の大山祇神社で、このほか伊豆国一宮の三嶋大社、神奈川県の大山《おおやま》阿夫利《あふり》神社などを本社とする各地の神社で祀られている。

伊豆に流されていた源頼朝が三嶋大社（三島大明神）を篤く信仰したことから武人の守護神となり、源氏をはじめ多くの武家に崇敬されるようになった。そうした縁から大山祇神社には武将たちから大量の武具、刀剣類が奉納され、現在も神宝、文化財として保管されている。

主な神社

大山祇神社（愛媛県）
三嶋大社（静岡県）
大山阿夫利神社（神奈川県）
全国の大山祇社、三嶋社

オオヤマツミと
コノハナノサクヤヒメ

山の神様・オオヤマツミの娘であるコノハナノサクヤヒメは富士山の守護神となっている。

「山王」と称される比叡山の守護神

オオヤマクイ

オオヤマクイとは大いなる山の神という意味で、本来は比叡山の土地の守護神だった。『古事記』では大年神《おおとしがみ》の子とされる。それが平安時代、最澄によって比叡山に延暦寺が開山されると、オオヤマクイは延暦寺を守護する神として奉斎されるようになった。オオヤマクイは天台宗と強い結びつきがあり、早くから神仏習合が進み、神道の一派・山王神道の神様・山王権現として信仰が広まった。信仰の中心は比叡山にある日吉《ひよし》大社で、各地に日枝《ひえ》社、日吉社、山王社などがつくられた。また比叡山は早くから神仏習合が進んだ場所で、この流れが江戸初期、天海《てんかい》による山王一実《いちじつ》神道の創始につながっていく。

山王権現とは別の流れとして、松尾《まつのお》大社の祭神としてのオオヤマクイ信仰もある。古代の渡来系氏族・秦《はた》氏が拠点である松尾山の神様を奉祀したことにはじまり、酒造の守護神として今も関係業界から篤い信仰を集めている。

主な神社

日吉大社（滋賀県）
松尾大社（京都府）
日枝神社（東京都）
全国の日吉社、日枝社、山王社

重要文化財
老年男神像（伝・大山咋神）
松尾大社 蔵
山は酒造りに欠かせない水源であり、また秦氏は醸造技術を伝えた氏族であることから酒造の神様としても信仰されている。

海洋国家・日本を守護する海の神様

ワタツミ・トヨタマヒメ

ワタツミは古語で海の神霊「海《わた》つ霊《み》」を意味し、『古事記』ではイザナギ、イザナミの神生みで誕生したオオワタツミとされる。『日本書紀』ではワタツミの正体を龍としているように、ワタツミは龍信仰と結びついて龍王と同一視された。その宮はいわゆる「龍宮城」で、民話などでも広く親しまれる存在となった。

日本は島国のため、海神を祀る社は海上交通の玄関口である九州北部に多いが、その系統は複数あり、ワタツミを祀る福岡県の綿津見《わたつみ》神社、

トヨタマヒメの墳墓

和多都美神社（長崎県）の本殿裏手にある岩で、トヨタマヒメの墳墓と伝えられる。

主な神社

海神神社（長崎県）
綿津見神社（福岡県）
志賀海神社（福岡県）
全国の海神社、
綿津見社

妻のトヨタマヒメを主祭神とする対馬の海神《かいじん》神社、イザナギが黄泉の国から戻った際に泉で禊をした際に生まれたソコツワタツミ、ナカツワタツミ、ウワツワタツミを祀る福岡県の志賀海《しかうみ》神社などがある。また対馬の和多都美《わたつみ》神社にはトヨタマヒメの墳墓とされる岩がある。

重要文化財
わだつみのいろこの宮
青木繁 画　石橋財団 蔵
海神の宮を訪れた山幸彦（上）はトヨタマヒメ（左）と結婚し、子のウガヤフキアエズが誕生する。

アマテラスから授けられた稲の神様
ウカノミタマ

ウカノミタマは「稲倉魂」とも表記され、稲荷社の祭神として知られる。稲荷は「稲成《いなる》」から来ており、稲霊《いなだま》（穀物の精霊）であるとともに食物を司る神様とされる。『古事記』ではスサノオの子、『日本書紀』ではイザナギ・イザナミの子とされる。食物を司る神様という性格から、アマテラスの食事を担当する伊勢神宮外宮の祭神トヨウケと同一とされることも多い。

稲荷社の総本社は伏見稲荷大社であり、このほか仏教系の豊川稲荷の系統がある。これは稲荷神が仏教の荼枳尼天《だきにてん》と習合したためである。荼枳尼天は狐の精霊とされ、また食物の神様が「御食津神《みけつかみ》」と呼ばれ、「三狐《みけつ》」の字が当てられたことから、稲荷神の使いは狐となった。稲は米一粒から多くの実をつけることから、ウカノミタマは商売繁盛の神様として信仰され、商業が発展した江戸時代から多くの稲荷社が建てられている。

主な神社

伏見稲荷大社（京都府）
笠間稲荷神社（茨城県）
祐徳稲荷神社（佐賀県）
全国の稲荷社

稲荷本尊

ウカノミタマは仏教の荼枳尼天と習合し、神社・寺問わず祀られるようになった。

伏見稲荷大社

全国に3万社あるといわれる稲荷社の総本社で、約1300年前に創建された。

日本家屋の屋根に欠かせない萱の神様

カヤノヒメ

カヤは萱葺《かやぶ》きのカヤのことで、草の生い茂る野の女神。草野姫とも書く。山の神オオヤマツミとともに山野を司り、なだらかな山裾の野を治めるという。『古事記』には野椎神《のづち》という別名もあるが、意味は「野つ霊《のち》」で、同様に野の神霊であることを示す。愛知県の萱津《かやつ》神社では主祭神とされ、漬物の神様としても信仰される。

主な神社
萱津神社(愛知県)
樽前山神社(北海道)
額神社(石川県)

イザナミが産んだ火の神様

カグツチ

イザナミが神々を産み落とす最後に火の神様として誕生したが、その炎によって母神に大火傷を負わせ亡くなる原因をつくってしまう。そのために父イザナギに首をはねられ、飛び散った血からタケミカヅチなど武器の神が生まれた。神仏習合の時代には火伏せの神様である愛宕《あたご》権現、秋葉《あきば》権現として信仰され、天狗や勝軍《しょうぐん》地蔵として現された。

主な神社
秋葉山本宮秋葉神社(静岡県)
愛宕神社(京都府)
全国の秋葉社、愛宕社

火の神様誕生後に生まれた鉄の神様

カナヤマヒコ

火の神様を出産した際の火傷に苦しんだイザナミが嘔吐したものから生まれたのがカナヤマヒコ、カナヤマヒメの二柱の神。鉱山《かなやま》の神であり、鉱山関係者や鍛冶屋、刃物業社など鉱物と金属を扱う幅広い業種から篤く信仰される。美濃国一宮の南宮《なんぐう》大社はカナヤマヒコを主祭神とし、境内には刃物や工具などを据え付けた扁額《へんがく》が数多く奉納されている。

主な神社
南宮大社（岐阜県）
黄金山神社（宮城県）
全国の金山彦社

不変の命を象徴する岩の神様

イワナガヒメ

ニニギの妻となった富士山の女神コノハナノサクヤヒメの姉神で、容貌が醜いからとニニギがこの女神を拒絶したため、子孫は岩のような長寿を得られなくなったと伝わる。妹神とおなじく山の女神であり、静岡県大室山の浅間神社のように少数ながら主祭神として祀っている神社もある。大室山で富士山を褒めると凶事にあうといういい伝えも残されている。

主な神社
大室山浅間神社（静岡県）
雲見浅間神社（静岡県）
伊豆神社（岐阜県）

1 恐山
2 出羽三山
10 白山
11 立山
9 戸隠山
3 蔵王山
4 日光山
5 三峰山
6 大山
7 富士山
8 秋葉山

神が住まう 日本の霊山

4つの大陸プレートの接点にある日本列島には、多くの山々が形成された。山は人間の力の及ばない神の領域と考えられ、多くの山が霊山として信仰されている。

恐山《おそれざん》

死者と出会う異界の山

死者の山といわれ、イタコによる死者の口寄せが行われる。

所在地 青森県むつ市

出羽三山《でわさんざん》

現世・前世・来世の浄土

月山・羽黒山・湯殿山の総称で、東北を代表する修験の霊場。

所在地 山形県鶴岡市

蔵王山《ざおうさん》

魔を粉砕する修験道の神様の山

日本独自の信仰である修験道の本尊である蔵王権現の霊山。

所在地 宮城県・山形県

日光山《にっこうさん》

浄土とされた二荒山神社のご神体

男体《なんたい》山、女峰山、太郎山の総称で日光二荒《ふたら》山《さん》神社のご神体。

所在地 栃木県日光市

5

三峰山《みつみねさん》

ヤマトタケルによって開かれた聖地

流罪で伊豆国にいた役行者《えんのぎょうじゃ》は三峰山で修業したと伝わる。

所在地　埼玉県秩父市

6

大山《おおやま》

古典落語にもなった大山詣の霊山

各地から大山詣が行われ、大山への道は大山街道と呼ばれた。

所在地　神奈川県伊勢原市

7

富士山《ふじさん》

最高峰にして日本一の霊峰

古代より信仰され、富士講などの登山参拝が行われた。

所在地　山梨県・静岡県

8

秋葉山《あきばさん》

火の神様が祀られる霊山

火除けのご神徳があるとされる秋葉大権現が祀られる霊山。

所在地　静岡県浜松市

9

戸隠山《とがくしさん》

天岩戸が飛来した聖地

天岩戸飛来伝承地で、戸隠流忍者の里としても知られる。

所在地 長野県長野市

10

白山《はくさん》

修験道の中心地とされた霊山

日本三大霊山、日本三名山の一つで、白山比咩神社のご神体。

所在地 石川県白山市

11

立山《たてやま》

天上世界へ帰る神様が立った山

国生みの神様が立った山とされ、極楽浄土の地ともされる。

所在地 富山県中新川郡立山町

12

比叡山《ひえいざん》

京都を守護する霊山

京都の鬼門に位置し、王城鎮護の山として信仰された。

所在地 京都府・滋賀県

13

吉野山《よしのやま》

修験道の開祖が開いた山

「大峯奥駈道《おおみねおくがけみち》」の北端にあたり、役行者が開いたとされる。

所在地　奈良県吉野郡吉野町

14

石鎚山《いしづちさん》

西日本最高峰の修験道の聖地

役行者や空海が修行した山といわれ、西日本の最高峰である。

所在地　愛媛県西条市・久万高原町

15

英彦山《ひこさん》

アマテラスの子神が降り立った地

アマテラスの子・アメノオシホミミが降臨した山と伝えられる。

所在地　福岡県・大分県

16

阿蘇山《あそざん》

日本最古の聖地の一つ

中央構造線の西端に位置し、『隋書倭国伝』にも記述がある。

所在地　熊本県阿蘇市

1 瓶子岩
3 彌彦神社の火の玉石
2 釣石神社の釣石
4 榛名神社の御姿岩
8 興玉神石

神が宿る
日本の霊石

古代より人々は石に霊威を感じ取り、神として祀った。それはやがて磐座信仰となり、神道へと発展した。日本全国に残されている伝説に彩られた霊石を紹介する。

瓶子岩《へいしいわ》

不漁を大漁に変える漁の岩神

不漁の折、ある老婆が神水を海に注ぐと大漁となった。その神水を入れた瓶子が瓶子岩になったと伝わる。

所在地　北海道江差町

釣石神社《つりいしじんじゃ》の釣石

東日本大震災でも落ちなかった岩

ご神体の巨石で、東日本大震災でも微動だにせず、「落ちそうで落ちない」ことから合格のご神徳がある。

所在地　宮城県石巻市北上町十三浜字追波

彌彦神社《いやひこじんじゃ》の火《ひ》の玉石《たまいし》

心願成就を占う霊石

願いを思い浮かべて、この石を持ち上げ、軽く感じれば願いが成就し、重く感じれば成就は難しいといわれる。

所在地　新潟県西蒲原郡弥彦村弥彦2887-2

榛名神社《はるなじんじゃ》の御姿岩《みすがたいわ》

本殿につながる巨岩

榛名山をご神体とする榛名神社の巨石で、本殿につながった珍しい様式。岩の奥に榛名神社のご神体が祀られている。

所在地　群馬県高崎市榛名山町849

赤猪岩《あかいいわ》神社の赤猪岩

オオクニヌシの死と再生の地

オオクニヌシは兄神に騙され、焼けた大岩に潰され命を落とした。その大岩と伝えられる。

所在地　鳥取県西伯郡南部町寺内232

須我《すが》神社の夫婦岩《ふうふいわ》

スサノオ一家が宿る霊石

須我神社の奥宮の磐座である。スサノオ（中央）、クシナダヒメ（左）、子神（右）が宿るとされる。

所在地　島根県雲南市大東町須賀260

玉置《たまき》神社の玉石社《たまいししゃ》

古代の磐座信仰の聖地

磐座信仰が今も残る玉置神社にあり、玉石に宝珠や神宝を鎮めて祈願したと伝わる。

所在地　奈良県吉野郡十津川村玉置川1

二見興玉《ふたみおきたま》神社の興玉神石《おきたましんせき》

海底に沈む神が宿る石

サルタヒコが立った地とされ沖合約７００メートルの海中に沈む。夫婦岩（写真）は鳥居の役目を担う。

所在地　三重県伊勢市二見町江575

花窟《はなのいわや》神社の花《はな》の窟《いわや》

『日本書紀』に記された神の墓所

イザナミが火の神様を産んだ際の火傷が原因で亡くなった後に埋葬された地と伝えられる。

所在地 三重県熊野市有馬町上地130

出雲大神宮の磐座《いわくら》

京都にあるもう一つの出雲大社

御影山をご神体として祀る神社で、夫婦岩、舟岩など多くの神石がある。周囲は神域とされ、禁足地。

所在地 京都府亀岡市千歳町出雲

月読神社の月延石《つきのべいし》

神功皇后由来の安産の霊石

神功皇后の出産を遅らせた3つの石の1つとされる霊石。安産石と呼ばれ、安産の神様として信仰される。

所在地 京都府京都市西京区松室山添町15

和多都美神社の豊玉姫墳墓《とよたまひめふんぼ》

海神の娘の墳墓とされる磐座

和多都美神社にあり、海神の娘・トヨタマヒメの墳墓とされる。境内にはほかにも干潮を司る神石などがある。

所在地 長崎県対馬市豊玉町仁位字和宮55

第六章
神仏習合の神様

蔵王権現像

蔵王権現

自然の霊威を体現する神仏

蔵王《ざおう》権現は奈良県吉野郡吉野町にある金峯山寺《きんぷせんじ》本堂（蔵王堂）の本尊で、怨敵退散、所願成就、諸災祓いなどのご神徳があるとされる。修験道の開祖とされる役行者が吉野の金峯山で修行中に遭遇したという。釈迦如来（過去）、千手観音（現世）、弥勒菩薩（未来）の三仏の徳も兼ね備えるといわれる。

神仏習合の時代には27代安閑《あんかん》天皇、オオクニヌシ、クニノトコタチなどと同一視されていたため、明治時代の神仏分離以降は、これらを祭神として祀る神社が多い。

蔵王権現は自然の霊威を体現する神仏として信仰されており、愛媛県の石鎚山のほか、全国各地の霊山で祀られている。なかでも、宮城県と山形県の境にある蔵王山は「刈田《かった》嶺《みね》」「不忘山《わすれずのやま》」と呼ばれていたが、平安時代に修験者が修行するようになったのを機に「蔵王山」と呼ばれるようになった。

ゆかりの神社

全国の御嶽社、金峰社、金峯社

金剛蔵王権現立像　金峯山寺 蔵
あらゆるものを司るとされる修験道の本尊で、日本独自の神様。神仏分離後に神社では祭神が改められた。

愛宕権現

全国で信仰される火除けの神様

愛宕《あたご》権現はイザナミと地蔵仏が習合した神様で、修験道と愛宕山の山岳信仰が融合して生まれた。京都盆地の西北にそびえる愛宕山は大宝年間（７０１〜７０４）に修験道の役行者と泰澄が登ったとき、天狗（太郎坊）に会い、山中に神廟を設けたことで霊山として開いたと伝わる。その後、愛宕権現を祀る白雲寺などが建立され、修験道の道場として信仰を集めた。明治時代の神仏分離令で修験道に基づく愛宕権現は廃されたが、現在も愛宕権現を祀る神社仏閣は少数だが存在する。

愛宕山は元来、平安京の守護神（火難除け、盗難除けの神）とされていたが、神仏習合の時代に白雲寺の本尊である勝軍地蔵が習合したことで、火伏せや防火の神様として全国で信仰されるようになった。愛宕神社は全国に約９００社あるが、総本社がある京都では、多くの家庭で愛宕神社の火の用心のお神札が貼られている。

ゆかりの神社

愛宕神社（京都府）
全国の愛宕社

愛宕権現図
石川県七尾美術館 蔵

愛宕権現は戦国時代には軍神・武神として武士から信仰された。神仏分離後はイザナミとカグツチを祀る神社が多い。

愛宕神社

愛宕山に鎮座する、全国の愛宕社の総本社で、火難除け、盗難除けのご神徳から信仰されている。

役行者

数多くの伝説を残した修験道の開祖

日本独自の信仰である修験道の開祖とされる役行者（本名・役小角《えんのおづの》）は、7〜8世紀に実在した人物である。江戸時代には「神変大菩薩《じんべんだいぼさつ》」の諡《おくりな》を賜《たまわ》り、主に修験道ゆかりの地で祀られている。一方で、不思議な力で空や野山を駆けめぐったり、鬼神を自在に操る法力《ほうりき》を有するなど、奇想天外なエピソードも多い。

山へ籠《こ》もって厳しい修行を行う修験道は、密教で行われる山中での修行や日本古来の山岳修行に加え、民間信仰や陰陽道などほかの信仰が結びついて確立された。古来より山は聖域とみなされていたが、その奥深くに分け入って修行することで、神秘的な力を得ると考えられたのである。

修験道は明治初期の神仏分離令や修験禁止令によって衰退したが、山野を駆けめぐって修行したことから、今も役行者は「足腰が弱い人を救う神様」として崇敬されている。

ゆかりの神社

吉水神社（奈良県）
伊豆山神社（静岡県）
江島神社（神奈川県）
修験道系神社

役行者像　吉水神社 蔵
役行者は山岳信仰、神道、仏教を習合した日本独自の修験道を開いた人物で、各地に伝説が残る。

大将軍神

方位の災いを除いた平安京の守護神

大将軍神は陰陽道において方位の吉凶を司る神で、正式には「星神天大将軍《せいしんてんだいしょうぐん》」という。3年ごとに四方を巡り、12年で元の位置に戻るといわれる。神仏習合の神様である牛頭天王の息子とされ、スサノオと同一視された。京都市上京区にある大将軍八神社《だいしょうぐんはち》は平安京の西北に位置し、方位の災いを除くために建立された。ただし、『山城名勝誌』には、平安京の四隅に奉祀されたと記されている。

引っ越しや旅行、建築などにおける方角の吉凶を司ることから民間からの信仰も篤く、各地で大将軍神が祀られるようになった。しかし、明治の神仏分離令で陰陽道は信仰が廃止され、大将軍八神社では祭神の変更を余儀なくされた。神社の多くがこれに倣《なら》ったが大将軍神への信仰がなくなったわけではなく、現在も方位除けの神様として崇敬の対象になっている。

ゆかりの神社

大将軍八神社（京都府）
西賀茂大将軍神社（京都府）
全国の大将軍社

大将軍神半跏像
奈良国立博物館 蔵
（矢沢邑一 撮影）

大将軍は陰陽道における方位（八方）を司る神様で、この神像は、大将軍八神社の神像群とともに伝来したと伝わる。

安倍晴明

平安時代に活躍した日本第一の陰陽師

陰陽道は中国の陰陽五行説などを起源に、日本で神道や仏教、修験道などの影響を受けて独自に発展した天文、呪術、占星などの教えである。陰陽道に携わる者を陰陽師《おんみょうじ》といい、平安時代中期に活躍したのが安倍晴明《あべのせいめい》だった。

晴明は星や雲の動きを観察し、宮殿での異変や遠方での吉凶をいい当てることで、朝廷や多くの人々から信望を集めた。そのため、没後は神秘的な能力の持ち主として語られるようになり、神格化されて信仰の対象になった。屋敷跡や生誕地には彼を祀る神社が建てられ、後世の陰陽師によって、他の地域にも神社や晴明塚がつくられた。天皇や貴族から庶民に至るまで、多くの人々の苦しみを取り払って平安京を守った経歴から、晴明には厄除けや病気平癒、火除けなどのご神徳があるとされている。

主な神社

晴明神社（京都府）
阿倍王子神社（大阪府）
晴明神社（福井県）
全国の晴明社

安倍晴明公像
（晴明神社境内）
天文学に通じ陰陽道を確立した
安倍晴明は、朝廷や人々から篤く
信奉され6代の天皇に仕えた。

泰平の世を築いた最も有名な将軍

東照大権現（徳川家康）

江戸幕府を開いた徳川家康は、「私の遺体は駿河国の久能山《くのうさん》に葬り、一周忌が過ぎたら日光山に小さな堂を建てて勧請せよ」という遺言を残して元和《げんな》2年（1616）に亡くなった。没後、家康の神号を仏教的な「権現」にするか、神道的な「明神《みょうじん》」にするかで論争が起きた。しかし、家康のブレーンであった天台宗の僧・天海が、豊臣秀吉が「豊国大明神」として祀られながら豊臣家が没落したことから「明神」は不吉であると主張し、家康は「権現」として祀られることになった。家康は天海が興した山王一実神道（天台仏教と神道、山岳信仰などを習合した神道の一派）によって祀られ、朝廷から「東照《とうしょう》大権現」の神号が下賜《かし》された。そして、日光に家康を祀る東照宮が創建された。家康は戦国の世を終わらせた立役者として武家や庶民からの信仰を集め、久能山や日光のほかにも、関東を中心に東照宮が勧請されている。

主な神社

日光東照宮（栃木県）
久能山東照宮（静岡県）
全国の東照宮

木像東照宮坐像
福岡市博物館 蔵
福岡市博物館／DNPartcom 写真提供

徳川家康は死後に、山王一実神道に基づいた
東照大権現として全国の東照宮に祀られた。

高野山と関係が深い親子神

丹生都比売・高野御子神

高野山の北西に鎮座する丹生都比売《にうつひめ》神社には、空海（弘法大師）が金剛峯寺《こんごうぶじ》を開いたときに神領を譲ったという伝説がある。高野山と関係が深く、神仏習合の時代には多くの堂塔が建てられた。祭神の丹生都比売は、子である高野御子神《たかのみこのかみ》とともに衣食や織物の道を人々に教え説き、農業・養蚕・織物の守り神として信仰されている。また、高野御子神は狩人姿で現れたことから狩場明神と呼ばれ、空海を高野山に導いたエピソードから、導きの神様として知られる。

高野四所明神像
東京国立博物館 蔵
TNM Image Archives
写真提供
高野山の守護神として、高野（狩場）明神と丹生明神、気比明神、厳島明神が描かれている。

主な神社

丹生都比売神社（和歌山県）
丹生神社（滋賀県）
全国の丹生社

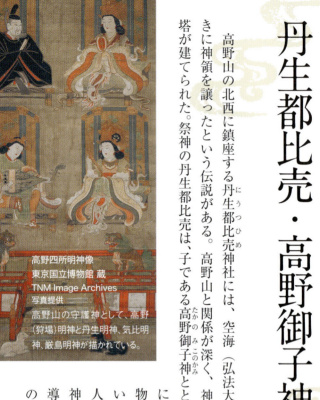

第七章 ご利益の神様

菅原道真

菅原道真

災いをもたらす祟り神から学問の神様へ

「学問の神様」として名高い菅原道真《すがわらのみちざね》は、当初は災いをもたらす悪神として恐れられ、後述する平将門《たいらのまさかど》、崇徳《すとく》天皇と共に「日本三大怨霊《おんりょう》」といわれる。道真は平安時代の文人・政治家で、朝廷のナンバー3である右大臣まで出世したが九州の大宰府《だざいふ》へ左遷され、そのまま同地で亡くなった。その後、平安京では左遷に関与した人物が次々と没したり、宮中で雷が落ちるなどの不幸が相次ぎ、人々は道真の祟りと恐れた。荒ぶる霊を鎮めるために神殿が北野の地に建立されたが、これが北野天満宮のはじまりである。朝廷からは「天満大自在天神《てんまんだいじざいてんじん》」の称号が贈られ、道真は神として祀られるようになった。

ここから天神信仰が始まり、さらに、道真が優れた文人だったことから、「学問の神様」として庶民層にも広く信仰されるようになった。なかでも、道真が没した大宰府に建立された太宰府天満宮は全国天満宮の総本社で、受験生の参拝も多い。

主な神社

太宰府天満宮(福岡県)
北野天満宮(京都府)
大阪天満宮(大阪府)
全国の天神社、天満宮

菅原道真坐像
上野神社 蔵
京都国立博物館 写真提供

非業の死を遂げた菅原道真は天神とされ、人々を守護する善神となった。学問成就のご神徳が有名。

勝負の神様として信奉される東国の英雄

平将門

平安京で菅原道真の怨霊が猛威を振るっていたころ、東国では平将門が反乱を起こし、「新皇《しんのう》」と称して人々を恐れさせた。しかし、将門は朝廷の軍勢に敗れて、都でさらし首になった。ところが、首はすさまじい白光を放って関東へ飛び去り、現在の東京都千代田区大手町付近に落ちたという。同地には将門を祀った首塚が築かれ、東国武士や民衆から信奉された。首塚は都心の一等地にあったので、しばしば撤去の話が出たがそのたびに工事関係者の急死や事故が相次いで発生し、ついに取り壊しを免れた。現在は、その英雄的な活躍から「勝負の神様」として信仰されている。また「クビになっても帰ってきた」ことから、左遷からの復帰を願う人々からの信仰も篤い。

主な神社

神田神社（東京都）
築土神社（東京都）
國王神社（茨城県）
将門神社（千葉県）

神田神社
平将門を祀る神社で江戸総鎮守。氏子地域である大手町の将門塚の祭祀も執り行っている。

平将門
地方役人の搾取に苦しんだ人々から支持された平将門は、朝廷に反旗を翻し「新皇」を名乗った。

スポーツ選手から信仰される神様

崇徳天皇

75代崇徳天皇は、かつては日本史上随一の怨霊として恐れられた。わずか5歳で即位したが政治の実権は父の鳥羽《とば》上皇に握られ、父の崩御後に実権を握ろうとしたが保元《ほうげん》の乱で敗れ、讃岐国に流された。そのまま同地で没したが、没する前に「日本国の大魔縁（魔王）となる」とする誓文を血書し、海に沈めたと伝えられる。のちに大事件や不幸が相次いだので、人々は「崇徳上皇の祟りではないか」と恐怖した。

明治元年（1868）、政争に敗れ讃岐に流され没した崇徳上皇の御霊《みたま》を慰めるため、京都に白峯《しらみね》神宮が創建された。その後、蹴《け》鞠《まり》の守護神である精《せい》大明神も祀っていることから、サッカーなどの球技全般およびスポーツの神様として信仰されている。また、蹴鞠は球を落とさないことから、受験の神様としても親しまれている。

白峯神宮

崇徳天皇の没後、政権転換が起こったことから、新政権を樹立したばかりの明治政府は崇徳天皇の祟りを恐れたともいわれる。

主な神社

白峯神宮（京都府）
金刀比羅宮（香川県）
金比羅神社（山口県）

崇徳天皇

「日本の大魔王」となることを誓った崇徳天皇は、現在ではスポーツ、特にサッカーの神様として信仰されている。

安徳天皇

壇ノ浦で幼くして亡くなった悲劇の天皇

81代安徳《あんとく》天皇は、権勢を極めた平清盛の孫にあたり、わずか1歳で天皇に即位した。しかし、平氏一門が都落ちするとともに平安京を離れ、6歳の時に壇ノ浦の戦いで清盛の正室・二位尼《にいのあま》に抱きかかえられて入水《じゅすい》した。史上最も若くして崩御した天皇である（年齢については諸説あり）。幼くして崩御した安徳天皇は子どもの守り神として信仰され、水天宮の祭神となっている。

建久2年（1191）、現在の山口県下関市に安徳天皇を祀る御影堂が建立された。元々は阿弥陀寺だったが、神仏分離令によって天皇社となり、昭和15年（1940）に赤間神宮と改称された。また、安徳天皇が入水して亡くなったという経緯から、赤間神宮には水難除けのご神徳もある。社殿が竜宮城のような造りをしているのも、二位尼が入水する前に詠んだ「海の底にも都はあります」という意味の歌にちなんでいるという。

主な神社

赤間神宮（山口県）
水天宮（福岡県）
全国の水天宮

安徳天皇 泉涌寺 蔵

わずか1歳で即位した安徳天皇は、安産や子育ての神様として信仰され、全国の水天宮に祀られている。

赤間神宮

安徳天皇を慰霊するために創建。安徳天皇は海に入水したため、海の都・竜宮城を彷彿とさせる社殿となっている。

悪鬼退治をした交通安全や厄除けの神様

坂上田村麻呂

征夷大将軍《せいいたいしょうぐん》として蝦夷《えぞ》征討を行った坂上田村麻呂《さかのうえたむらまろ》は、亡くなった際には立ったまま柩に納められたと伝えられ、武芸の神様として信仰される。田村麻呂を主祭神として祀る神社は全国にいくつかあるが、滋賀県甲賀《こうか》市の田村神社はその総本社にあたる。甲賀地方は都と伊勢を結ぶ交通の要衝だったが、近くの鈴鹿峠で悪鬼が出没し、旅人を悩ませていた。そこで52代嵯峨《さが》天皇の勅命を受けた田村麻呂がこれを退治し、土地を安定させた。

悪鬼を退治して交通の障害をなくしたことで、田村麻呂は交通安全の神として崇敬されるようになった。また、近辺で疫病が発生したときには田村麻呂の霊験をもって祈願が行われたことから、厄除けの神様としても信仰されている。

田村神社

悪鬼を倒した坂上田村麻呂を祀り、地域の災難除けのために創建したと伝えられる。

主な神社

田村神社（滋賀県）
松尾神社（兵庫県）
全国の田村社

田村明神

清水寺を訪れた僧の前に現れた坂上田村麻呂の神霊を描いたもの。坂上田村麻呂は東北や近畿地方を中心に祀られている。

ウマシマジ

有力豪族・物部氏の祖神で鎮魂の神様

ウマシマジはヤマト王権で軍事や刑罰をつかさどった物部《もののべ》氏の祖神で、初代神武天皇に仕えて皇城守護の任にあたった。尾張氏などの祖とされるアメノカグヤマは、ウマシマジの異母兄神にあたる。父神であるニギハヤヒはアマテラスから授かった十種神宝《とくさのかんだから》を奉じて天降り、天磐船《あめのいわふね》に乗って大和入りしたと伝わる。ウマシマジは父神から受け継いだ神宝を天皇に献上して鎮魂祈祷を行ったが、これが後世の鎮魂祭の起源とされている。父神の遺業を継いで国土開拓に尽力し、フツノミタマと呼ばれる神剣を奉祀する役割を担った。物部氏が軍事氏族だったことから勝運や文武両道の神様として、またウマシマジは祭祀に携わったことから鎮魂の神様として信仰されることが多い。

主な神社

物部神社（島根県）
石上神宮（奈良県）
石切剣箭神社（大阪府）
全国の物部社

物部神社

物部氏の氏神神社で、祖神であるウマシマジを祀る。ウマシマジは鶴に乗って降臨したと伝えられる。

可美真手命銅像
(浜離宮恩賜公園内)
ウマシマジは天上世界から持ってきた神宝で、初めて鎮魂祭を行ったと伝えられる。

怪力自慢の相撲の神様

野見宿禰

野見宿禰《のみのすくね》は国譲りの交渉役として登場したアメノホヒの子孫で、天下一の強者とうたわれた当麻蹴速《たいまのけはや》と角力《すもう》（相撲）をとるために出雲国から召された。2人は互いに蹴り合ったが、野見宿禰が蹴速のあばら骨を砕き、腰骨を折って勝利した。この勝負が相撲の起源とされ、野見宿禰は「相撲の神様」として信仰されるようになった。

勝負を制した野見宿禰は、11代垂仁天皇から褒美として蹴速の土地を賜った。それが現在の穴師坐兵主《あなしにいますひょうず》神社（奈良県）辺りとされ、同神社の摂社には、野見宿禰を祀った相撲神社がある。また、各地の野見社でも祀られている。野見宿禰は高貴な人物が没したときに行われる殉死の風習を改め、代わりに埴輪《はにわ》を埋めることを提案したといわれる。

主な神社

相撲神社（穴師坐兵主神社摂社、奈良県）

野見宿禰神社（東京都）

全国の野見社

野見宿禰神社

両国国技館の近くにある神社で、初代高砂浦五郎によって創建された。

野見宿禰
日本で最初の天覧相撲を行った野見宿禰は、埴輪を発明するなど、文武両道の神様として信仰されている。

不老不死の霊薬を探し出したお菓子の神様

タヂマモリ

「お菓子の神様」として信仰されるタヂマモリは、日本に渡って但馬国《たじま》（兵庫県北部）に住み着いた新羅《しらぎ》の王子アメノヒボコの玄孫《やしゃご》にあたる。11代垂仁天皇から「非時香菓《ときじくのかくのこのみ》」という不老不死の木の実を探し出すよう命じられ、常世の国（海の彼方にあるとされた理想郷）に渡った。そして、10年の歳月をかけて手に入れたが、帰国したときにはすでに天皇は亡くなっていた。タヂマモリは天皇の御陵の前で嘆き悲しみ、そのまま亡くなったという。「非時香菓」は柑橘系の橘の実とされ、「タチバナ」は「タヂマバナ」が訛化したとする説もある。菓子は元々果実のことを指していたので、タヂマモリはお菓子の神様として崇敬されるようになった。兵庫県豊岡市の中嶋神社では、タヂマモリが菓子神として祀られている。また、太宰府天満宮（福岡県）や吉田神社（京都府）などの境内社でも祀られている。

主な神社

中嶋神社（兵庫県）
中島神社（太宰府天満宮末社、福岡県）
能登生國玉比古神社（石川県）

田道間守公之図
朝日町歴史博物館 蔵
草冠に「果」と書いて「菓」となるように菓子は果物のことだった。橘の実をもたらしたタヂマモリは菓子の神様とされる。

イザナギの禊で生まれた航海の守護神

住吉三神

ウハツツノオ・ナカツツノオ・ソコツツノオ

「住吉《すみよし》さん」として親しまれている住吉三神は、黄泉の国から地上世界に戻ったイザナギが行った禊から生まれた三神の総称である。『古事記』によると、水底からソコツツノオ、水中からナカツツノオ、水面からウハツツノオが現れたといわれる。神功皇后の新羅遠征では、住吉三神が皇后に神がかりして遠征をうながし、海路を守護した。

戦わずして新羅を降伏させた皇后は、摂津国住吉に三神を祀る社を建てたが、これが住吉大社の起源とされる。以来、住吉三神は航海の神として信仰され、遣唐使が派遣されるときには出発時に航海の無事を祈願したという。住吉三神を祀る神社は全国に約６００社

主な神社

住吉大社（大阪府）
住吉神社（福岡県）
住吉神社（山口県）
全国の住吉社

あり、現在も海上安全や漁業、貿易、造船などの守護神として崇拝されている。また、『万葉集』や『古今和歌集』といった歌集で風光明媚な住吉の地が数多く詠まれたことから、住吉三神は和歌の神様としても親しまれている。

住吉明神　東京国立博物館 蔵
TNM Image Archives 写真提供
住吉の情景とともに描かれた住吉神。住吉神は海上交通の守護神であるだけでなく、和歌の神様としても信仰される。

住吉大社
全国の住吉社の総本社で、住吉三神のほかに、第四本宮に神功皇后を祀る。

聖徳太子

「さしがね」を日本に広めた大工の神様

古代日本の政治を動かした聖徳太子《しょうとくたいし》は、四天王寺や法隆寺といった大型木造建築物群の建立に携わったことから、大工の神様として親しまれている。材木などの長さや直角を測ったり、勾配を出すときに用いる「さしがね」を中国から持ち込んで日本に広めたのは、聖徳太子だったといわれる。さしがねは建築において欠かせない工具なので、太子が大工の神様と呼ばれる由来のひとつにもなっている。また、11月22日は「大工さんの日」になっているが、「11」は2本の柱、「22」は太子の月命日からきている。太子を大工の神様として信仰してきた歴史は古く、室町時代には太子の命日である2月22日に大工や木工職人が集まり、太子を祀る「太子講」が行われた。また、聖徳太子は仏教を篤く保護したことから、宗派を問わず信仰の対象になっている。全国各地の寺院にも、太子像を祀った「太子堂」と呼ばれる仏堂がある。

主な神社

大田原神社（栃木県）
聖徳太子神社（栃木県）
鵲森宮（大阪府）

聖徳太子像
東京国立博物館 蔵
TNM Image Archives
写真提供
聖徳太子は法隆寺や四天王寺などを建立したことから建築の先駆者として、大工から信仰されている。

アメノカグヤマ

神武天皇を助けた石油開発の守護神

アメノカグヤマはアマテラスの曾孫で、尾張氏の祖神といわれる。神武天皇の東征では霊剣フツノミタマを献じて一行の危機を救い、即位後は越《こし》の国（現在の北陸地方）に赴いて開拓に従事した。新潟県の彌彦《いやひこ》神社ではアメノカグヤマを「越後開拓の神様」として祀り、弥彦《やひこ》山頂にはアメノカグヤマの神廟がある。越後平野では7世紀にはすでに石油が産出し、「燃ゆる水」が38代天智《てんじ》天皇に献上されたことが『日本書紀』に記されており、石油開発の守護神とされる。

神武天皇とタカクラジ

熊野の地で神武天皇にアマテラスからの神剣を届けたタカクラジはアメノカグヤマと同一とされる。

主な神社

彌彦神社（新潟県）
魚沼神社（新潟県）
尾張戸神社（愛知県）
全国の弥彦社

第八章
神獣・もののけの神様

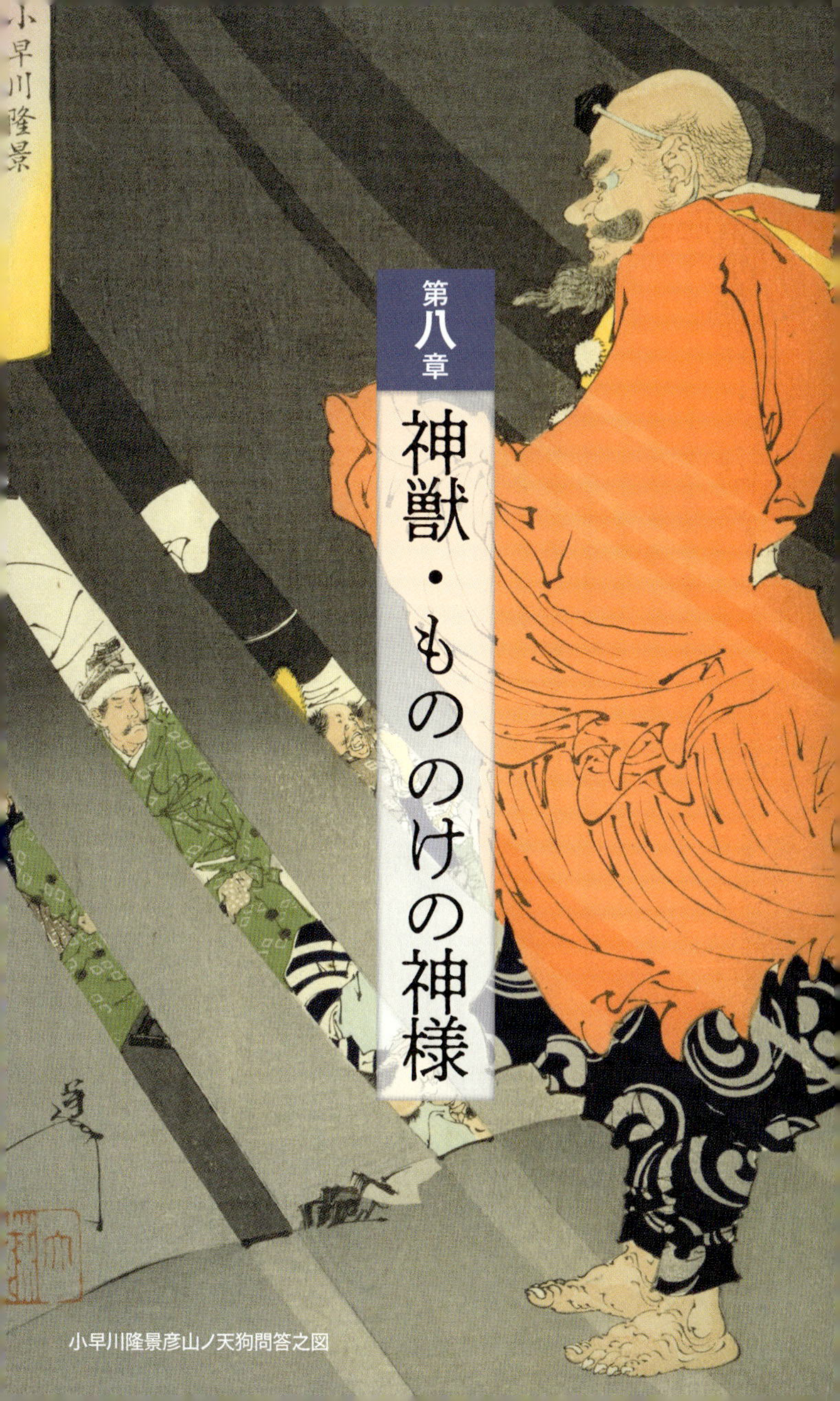

小早川隆景彦山ノ天狗問答之図

九頭龍

9つの頭を持ち、雨や水を司る龍神

龍は日本古来の神ではなく、中国やインドで神様として崇められてきた。これが蛇を水神とする日本の蛇信仰と習合し、龍神信仰が生まれた。日本では雨を降らせたり、逆に大雨を止めるなど、雨を支配する力があると考えられ、雨乞いの儀式は龍神が住んでいるとされる池や淵などで行われた。また、龍は水を司る神様とされ、水源や川、湖などで多く祀られ、タカオカミ、クラオカミ、水分《みくまり》神などが龍神とされる。

龍の中でも、9つの頭を持つ九頭龍《くずりゅう》は最も神格が高いとされ、九頭龍を祭神として祀る神社には、長野県の戸隠《とがくし》神社にある九頭龍社や京都の九頭竜大社などがある。なかでも神奈川県の芦ノ湖にある九頭龍神社は、神社を開いた万巻上人が芦ノ湖に棲む毒龍を改心させ、守護神として祀ったのが起源とされる。近年、九頭龍神社の霊験の強さが注目を集めており、縁結びのご神徳があるとして多くの女性が参拝に訪れている。

主な神社

戸隠神社・九頭龍社（長野県）
九頭龍神社（神奈川県）
九頭竜大社（京都府）

九頭龍大権現

龍は水源などの地主神であるほか、各地に残る龍伝説では人々を苦しめる悪神から善神へと変わるエピソードが多い。

戸隠神社・九頭龍社

長野県の戸隠神社の九頭龍社には、奥社のアメノタヂカラオが祀られる以前から地主神として九頭龍大神を奉斎していた。

八咫烏

神武天皇を導いた3本足の霊鳥

八咫烏《やたがらす》は日本神話に登場する神で、一般的には3本足のカラスの姿で知られる。『古事記』では、東征中の初代神武天皇が熊野で苦境に陥ったときに天上世界から遣わされ、先導役を担って神武一行の大和入りを助けている。また、平安時代初期に成立した『新撰姓氏録《しんせんしょうじろく》』では、八咫烏は賀茂《かも》氏の祖神の化身とされる。賀茂氏は天皇の行幸のお供をする役職を代々受け継いだ一族だったが、こうした経緯から八咫烏は導きの神様として信仰されてきた。

「八咫」は大きく広いという意味で、熊野信仰では太陽の化身とみなされている。3本の足はそれぞれ天・地・人を表しているといわれ、神と自然と人間が同じ太陽から生まれた「兄弟」であることを示している。現在、八咫烏は日本サッカー協会のシンボルマークとしても親しまれており、選手や関係者が熊野三山を参拝し、必勝祈願を行うこともある。

主な神社

八咫烏神社（奈良県）
賀茂別雷神社（京都府）
御縣彦社
（熊野那智大社境内社、和歌山県）

八咫烏像（熊野本宮大社境内）
八咫烏は熊野三山で頒布されるお神札・熊野牛王神符にも描かれ、神使として重要な存在である。

八咫烏神社
約1300年前に創建された八咫烏を祭神とする神社で、社伝では八咫烏は、大きな鳥のような屈強な人物とされる。

天狗

強大な神通力を有する山の神様

天狗《てんぐ》は日本古来の精霊の一種で、山に棲み、強力な神通力を有しているといわれる。一般的には、赤ら顔で鼻が高く、山伏の姿で羽団扇《はうちわ》を持ち、高下駄を履いた偉丈夫《いじょうふ》の姿で知られており、空中を自在に飛び回ることができたという。

天狗の伝承は全国各地にあるが、人をさらって「神隠《かみかく》し」にしたり、人心を乱して争いを起こさせる邪悪な妖怪としての天狗がいれば、迷子になった子どもを助ける天狗もいる。また、神様として信仰の対象になっている天狗もいて、愛宕山の太郎坊や鞍馬山の僧正坊（鞍馬天狗）などが有名である。

なかでも、栃木県鹿沼市の古峯《ふるみね》神社では天狗を祭神の使いとして祀っており、「天狗の社」とも呼ばれる。崇敬者に何か災難が降りかかったとき、天狗がそれを取り除いてくれるという言い伝えから、災厄除けや開運の神様として信仰されている。

ゆかりの神社

英彦山神宮（福岡県）
石鎚神社（愛媛県）
古峯神社（栃木県）
全国の修験道神社

天狗像（高尾山薬王院祈祷殿）
天狗は山に住む異形の神様とされ、強い力を持った修験者は死後に大天狗になると考えられた。

鬼

日本各地の伝承に登場する恐怖や強さの象徴

鬼といえば、『桃太郎』などの昔話や郷土信仰に登場し、日本人にはなじみが深い存在である。「鬼」という言葉は、人に隠れて住んでいることを意味する「隠（おん＝おぬ）」が由来とされる。一般的に、鬼は頭に角を生やし、虎の皮の腰布やふんどしをまとった姿であらわされることが多い。酒呑童子《しゅてんどうじ》や大嶽丸《おおたけまる》のように権力者に従わない反逆者、地獄に落ちた人間に苦行を課す番人として登場する伝承が多いが、安達ヶ原の鬼婆《おにばば》伝説のように、世を恨んだ人間が鬼と化したいい伝えもある。

一方で、恐怖や強さの象徴である鬼を、信仰の対象として祀る寺社もある。広島県広島市にある三瀧寺で祀られている三鬼《さんき》大権現は、強い神通力で人々を救うとされ、地元では「三鬼さん」と呼ばれ親しまれている。また、愛知県豊橋市にある安久美神戸神明社《あくみかんべしんめいしゃ》では、「豊橋鬼祭」という祭礼が毎年2月に行われている。

ゆかりの神社

温羅神社（吉備津彦神社境内社、岡山県）
稲荷鬼王神社（東京都）
安久美神戸神明社（愛知県）

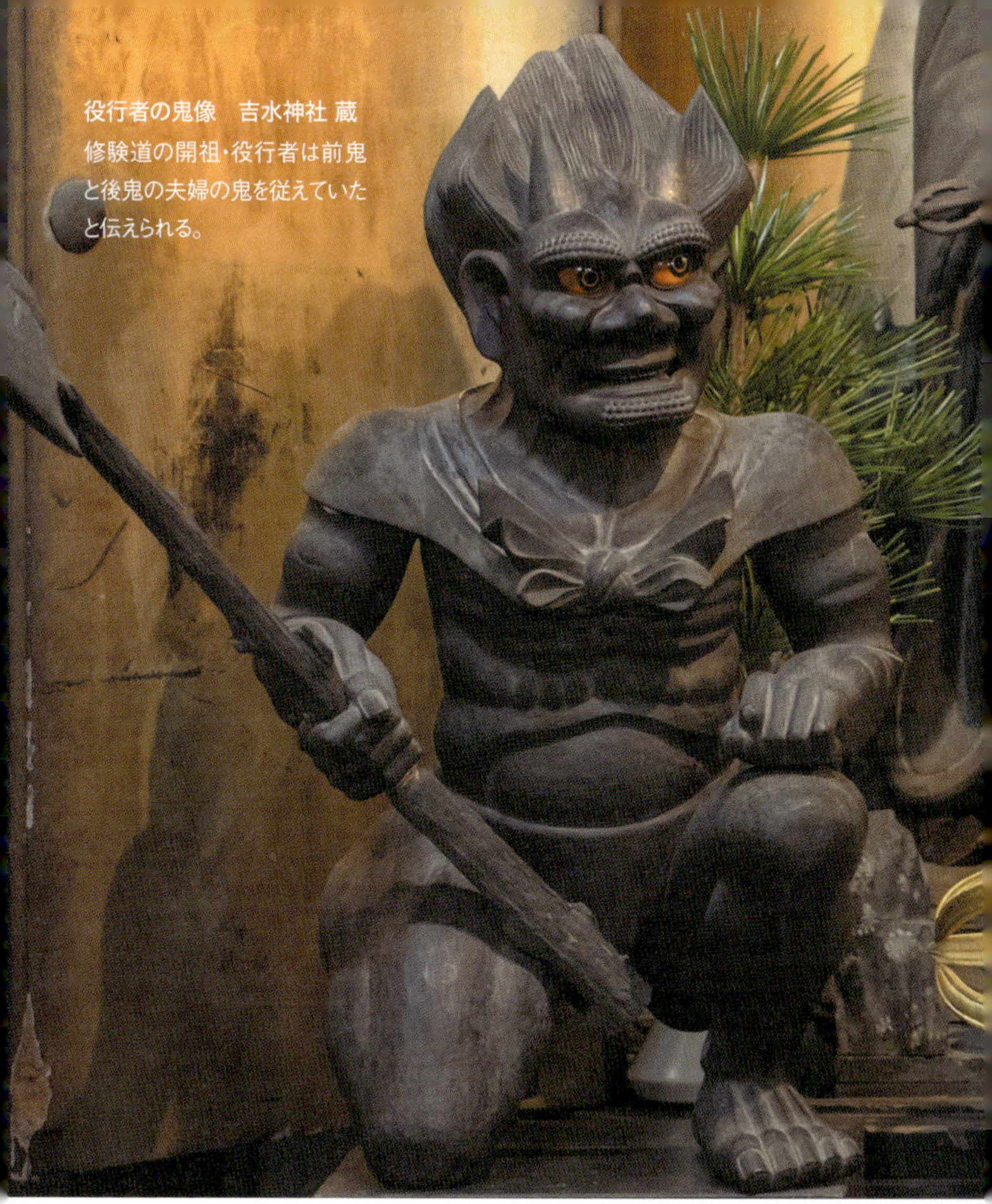

役行者の鬼像　吉水神社 蔵
修験道の開祖・役行者は前鬼と後鬼の夫婦の鬼を従えていたと伝えられる。

稲荷鬼王神社
熊野鬼王権現を祀る神社で、節分祭では「福は内、鬼は内」と声を出す。

宇賀神

蛇の姿であらわされた人頭蛇身の神様

宇賀神《うかのかみ》は頭は人間、体は蛇で、とぐろを巻いた形で表されている異形の神様。頭部は老翁や女性など、さまざまな種類がある。神名の「宇賀」は、農業や商業など諸産業の神であるウカノミタマに由来すると考えられているが、名前以外の共通点は乏しい。

中世以降、宇賀神は仏教の女神である弁財天と習合し、「宇賀弁財天」としても信仰された。琵琶湖の北部に浮かぶ竹生島《ちくぶしま》の宝厳寺《ほうごんじ》には、頭頂部に宇賀神が小さく乗った弁天像が坐している。また、宇賀神の出自は謎に包まれているが、弁財天との習合の過程で新たにつくられた神とする説もある。

一方で、鎌倉にある宇賀福神社の奥宮では、宇賀神を「銭洗弁財天《ぜにあらいべんざいてん》」として祀っている。境内洞窟で湧く清水でお金を洗うと何倍にも増えるといういい伝えがあり、ご神徳にあずかろうと多くの参拝客が訪れている。

主な神社

銭洗弁財天宇賀福神社（神奈川県）
都久夫須麻神社（滋賀県）

宇賀弁財天

宇賀神はイチキシマヒメと同一視される弁財天と習合し、弁財天の頭上に乗せられる場合もある。

白兎

因幡地方に伝承が残る縁結びの神様

白兎《しろうさぎ》といえば、日本神話に出てくる「因幡《いなば》の白兎」がよく知られている。オオクニヌシの前に現れ、ヤガミヒメとの婚姻を取り持ったことから「縁結びの神様」として信仰されており、鳥取県鳥取市にある白兎《はくと》神社では、白兎神が主祭神として祀られている。また、かつて因幡の内陸部にあった八上郡（現在の八頭《やず》町）にも複数の白兎神社があり、アマテラスが行幸した際に白兎が道案内をしたという伝承がある。

出雲福神縁起

因幡の白兎の伝承が残る鳥取県には複数の白兎神社があり、縁結びの神様として信仰されている。

主な神社

白兎神社（鳥取県）

第九章 民間信仰の神様

田の神様

家の中の神様

家の至るところで生活を見守る神々

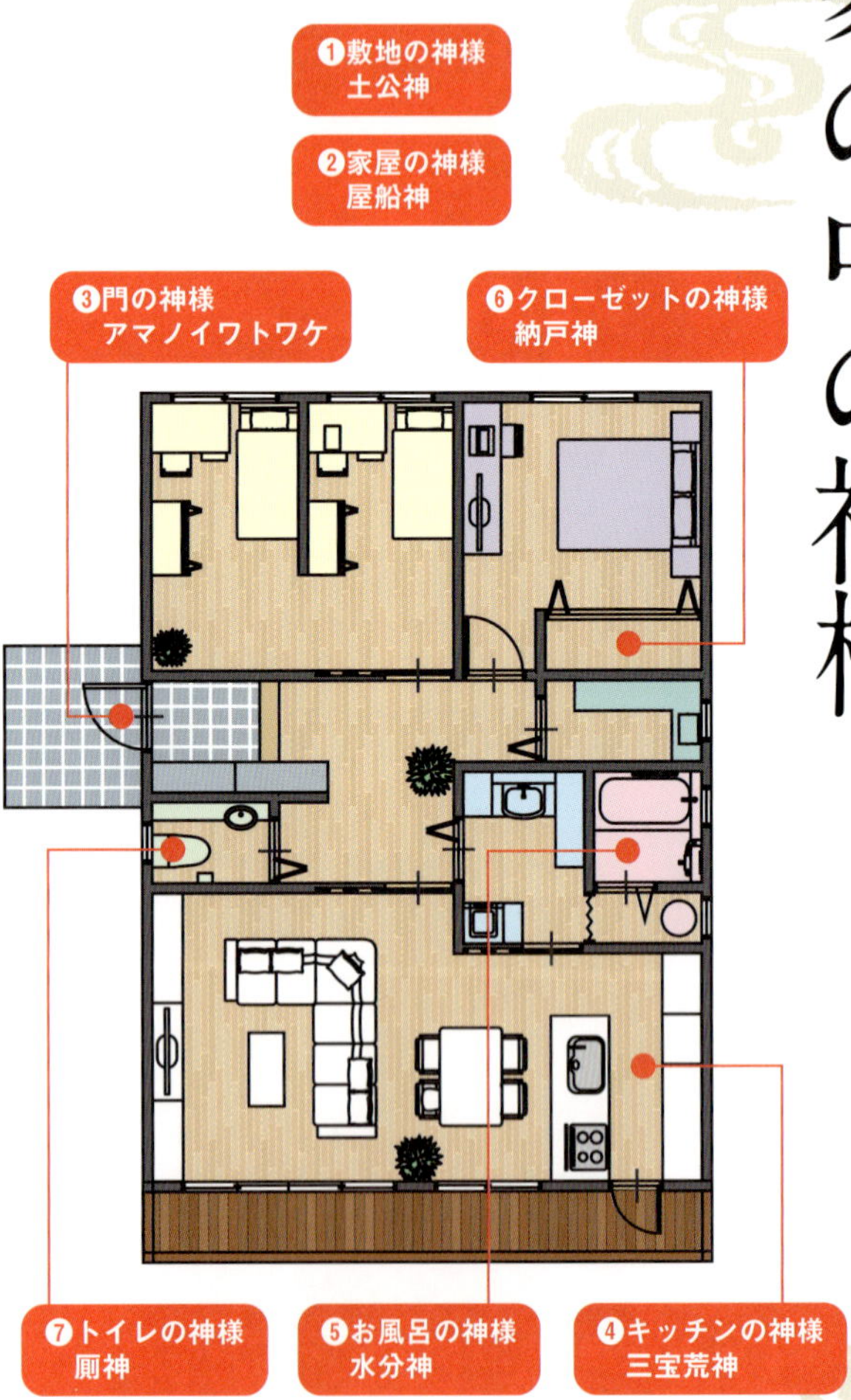

1 敷地の神様 土公神

陰陽道の神様である「土公神《どくしん》」は土を司る神様で、春は竃《かまど》、夏は門、秋は井戸、冬は庭に遊行《ゆぎょう》するとされている。この遊行している時期に、竃や門、井戸、庭で土を動かす工事を行うと、土公神の怒りを買って祟りが起きるといわれる。

2 家屋の神様 屋船神

家屋を守る神様は「屋船神《やふねのかみ》」と呼ばれ、木の神様であるククノチ、屋根の材料である草の神様であるトヨウケの二神からなる。また、大黒柱があるリビングは、大黒天が守護するといわれている。

3 門の神様 アマノイワトワケ

家の入り口である門や玄関の神様は「アマノイワトワケ」で、「天石門別」と記される。アマテラスが籠もった天岩戸が神様になったといわれる。古来より天皇の宮殿の四方の門に祀られ、守護する役割を担っている。

④キッチンの神様

三宝荒神

台所など火を使う場所には、「三宝荒神《さんぽうこうじん》」と呼ばれる神様がいる。元々は仏・法・僧の三宝を守護する仏神だったが、不浄や災難を除いたことから、火と竈の神様としても信仰されている。東北地方では、竈の近くに口を突き出した醜い男の面（ヒョットコ）をかけて祀る風習がある。また、土をつかさどる土公神を竈の神様として祀る地域もある。

⑤お風呂の神様

水分神

お風呂場などの水回りは、水の分配を司る「水分神」が守護を担う。「みくまり」が「みこもり（御子守）」と解されたことから子授け、安産の神としても信仰されている。

⑥クローゼットの神様

納戸神

納戸には、「納戸神」と呼ばれる神様がいる。納戸といえば不要なものをしまう物置のような印象があるが、昔は収穫物を保管したり、出産の場所になるなど、とても大切な場だった。そのため、恵比寿や大黒天などが納戸神として祀られていた。

⑦トイレの神様
厠神

トイレの神様は「便所神」「厠神《かわやがみ》」などと呼ばれ、吉田神道では土の神様であるハニヤマヒメ、雨と水の神様であるミツハヒメがトイレを守護するといわれる。

紙で作った男女の雛や、土でできた人形をご神体として祀る地域もあるほか、トイレの神様は出産とも関係が深く、「トイレ清掃を頑張ると美しい子が生まれる」という信仰もある。ほかにも、産後3日目または7日後に新生児を抱いてトイレをお参りする、「雪隠《せっちん》参り」という風習もある（「雪隠」は昔のトイレの呼び方）。

弁財天がトイレの神様とされることもある。家の神様の守護神として七福神が当てられる場合があるが、これにはこのようなエピソードがある。人々が家を持つようになった頃、家をどのように扱えばいいかわからなかった。そこで七福神が家の各場所を担当して人々に扱い方を教えることになった。しかし、担当を決める七福神会議の当日、弁財天は衣裳選びに悩み遅刻したため、最後に残ったトイレの神様になったという。

日本の国土形成に関する伝説が多い巨人

ダイダラボッチ

巨人に関する伝説は世界各地に存在するが、日本にもダイダラボッチという巨人の伝説がある。「ダイダラボウ」「ダダ星」「大人《おおひと》弥《や》五郎《ごろう》」など、呼ばれ方は地域によって異なる。基本的には、巨体を利用して山や湖をつくったり、人間を助けたエピソードが多い。秋田県では、横手盆地で干拓事業を行ったときにダイダラボッチが現れ、水をかいて工事を進めたという伝説がある。秋田県には太平山《たいへいざん》という山があるが、昔は「おいだらやま」「だいだらやま」と呼ばれていたので、ふもとに里宮、山頂に奥宮がある太平山三吉《みよし》神社の神様はダイダラボッチの化身

ダイダラボウ像
（茨城県）
『常陸国風土記』にはダイダラボウと呼ばれる巨人についての記述がある。

とも考えられている。ほかにも規模の大きな逸話としては、近江国《おうみのくに》の地面を掘った土で富士山をつくり、跡地に雨水がたまって琵琶湖《びわこ》になったという話がある。

元々は国づくりの神様として信仰されていたが、信仰の衰退とともに、単なる巨人として語られることが多くなったと考えられている。

長く使われた道具の神様

九十九神

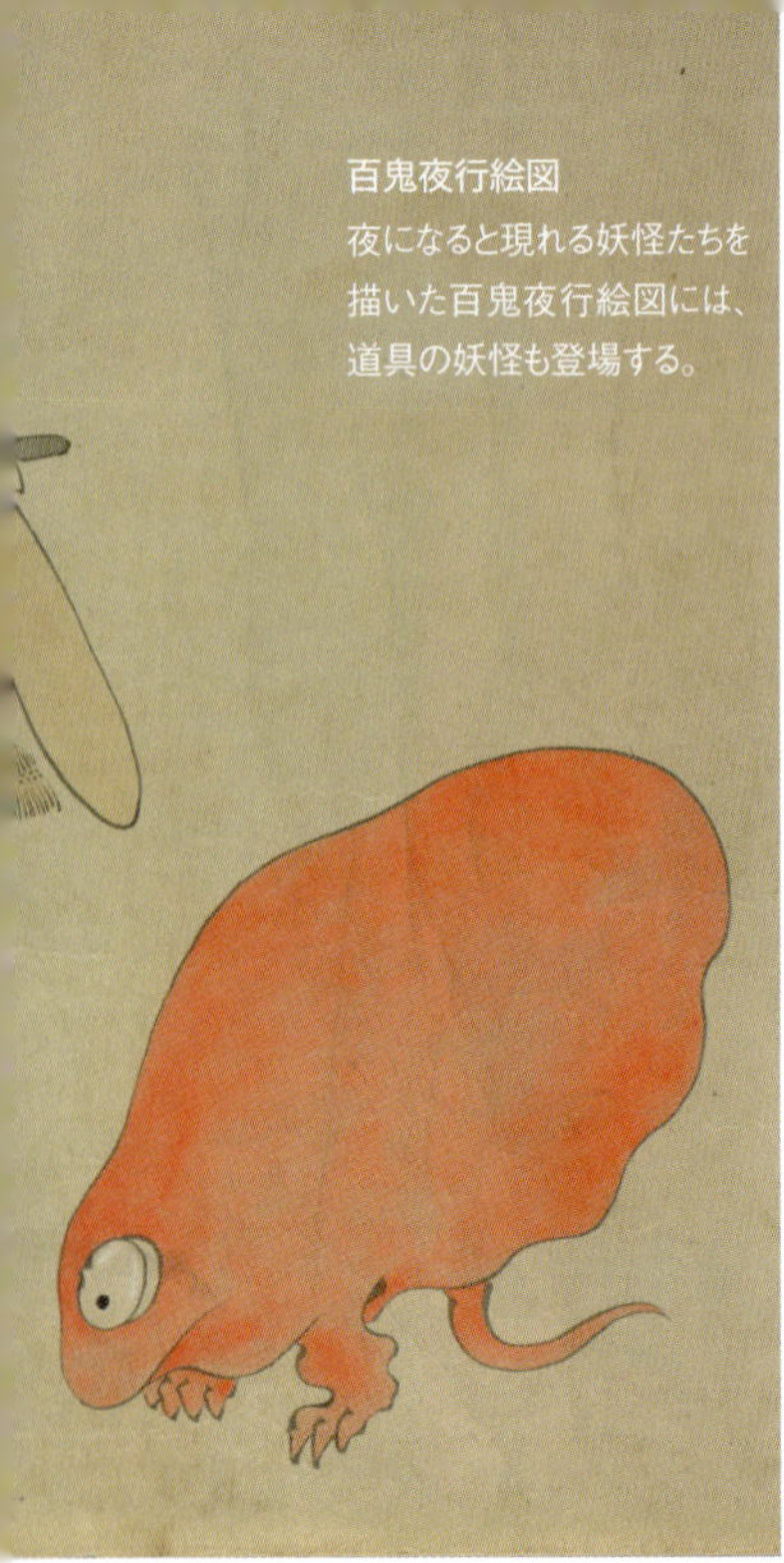

百鬼夜行絵図
夜になると現れる妖怪たちを描いた百鬼夜行絵図には、道具の妖怪も登場する。

日本では、長い間使われてきた道具には霊魂が宿るという考え方がある。同じ読みの「付喪神《つくもがみ》」とは表裏一体の関係で、大切に使われた道具は九十九神《つくもがみ》になって人に幸福をもたらすが、粗末に扱ったものは付喪神となって人に災いをもたらすといわれる。そのため、付喪神は神様というよりは妖怪といった見方をするのが自然かもしれない。また、「大事にしていれば神様になるので、古くなっても簡単には捨てず、大事に扱おう」という教訓を伝える狙いがあったという見方もある。九十九神、付喪神は、

日本人の「もったいない」精神がよくあらわされた神様といえる。
室町時代に成立した御伽草子《おとぎぞうし》系の短編集『付喪神絵巻』には、年末のすす払いで捨てられた古い道具たちが寄り集まって付喪神となり、人間に悪さをするという物語がある。最終的には真言密教の教えに調伏《ちょうぶく》され、悪さをした反省から出家して仏門修行に励み、ついには仏になるという結末を迎えている。

里と山を行き来して稲作の成長を見守る神様

たのかんさぁ（田の神様）

長らく農耕を中心とした社会を育んできた日本人にとって、田の神様はとても身近な神様といえる。春の田植えの時期になると山から里へ降りてきて、稲作の作業を見守る。そして、秋になって稲刈りが終わるのを見届けたら山に帰っていくという。

田の神様は地域によって呼び方もさまざまで、東北地方では「農神《のうがみ》」、甲信地方では「作神《さくがみ》」、但馬や因幡では「亥《い》の神」と呼ばれる。また、鹿児島県や宮崎県の一部では、「たのかんさぁ」と呼ばれる石像が水田の脇に置かれている。神職姿の石像やカラフルに色が塗られたものもある。

田の神様は山の神様との結びつきが深かったが、山は死者の霊が集まる場所とみられていたので、祖霊信仰とも関係が深い。田の神様の祭りも各地で催されており、田の神様に対して豊作の祈願や収穫への感謝などを行う。

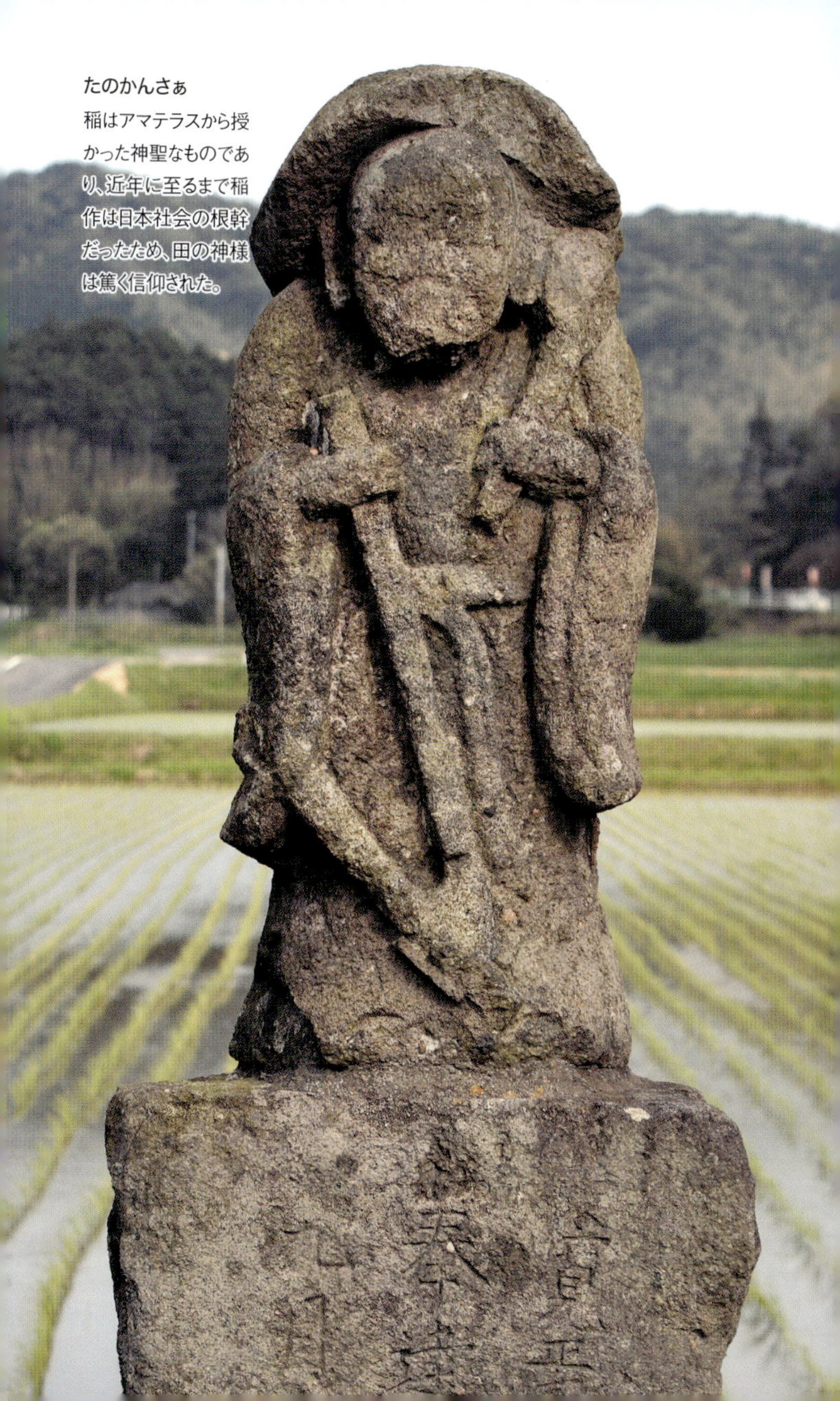

たのかんさぁ

稲はアマテラスから授かった神聖なものであり、近年に至るまで稲作は日本社会の根幹だったため、田の神様は篤く信仰された。

東北地方で信仰される民俗神

おしら様

おしら様は東北地方で信仰される民俗神で、養蚕や農業、漁業、病気平癒の神様とされる。民俗学者の柳田國男が『遠野物語』で紹介したことで、広く知られるようになった。

ご神体は、主に30センチほどの桑の木で作った棒からつくられる。棒の先に男女や馬、僧侶などの顔を彫ったり、墨書きして、「オセンダク」などと呼ばれる衣を重ね着させたものを、住宅の神棚や床の間などに二体一組で祀る。

「ご命日」と呼ばれるおしら様の祭日（旧暦1月・3月・9月の16日）には、イタコが祭文《さいもん》を唱えながら二体のおしら様を舞わせる「おしら様遊ばせ」が行われる。一方で、おしら様の信仰にはさまざまな禁忌があり、動物の肉や鶏の卵をお供えすると大病を患ったり、祟りで顔が曲がるといわれる。また、拝むのをやめたり、信仰の手を抜いたりすると、家族に祟りが起きるという。

おしら様

東北地方で信仰されている暮らしを守護する神様だが、粗末に扱うと災いが起きるといわれている。

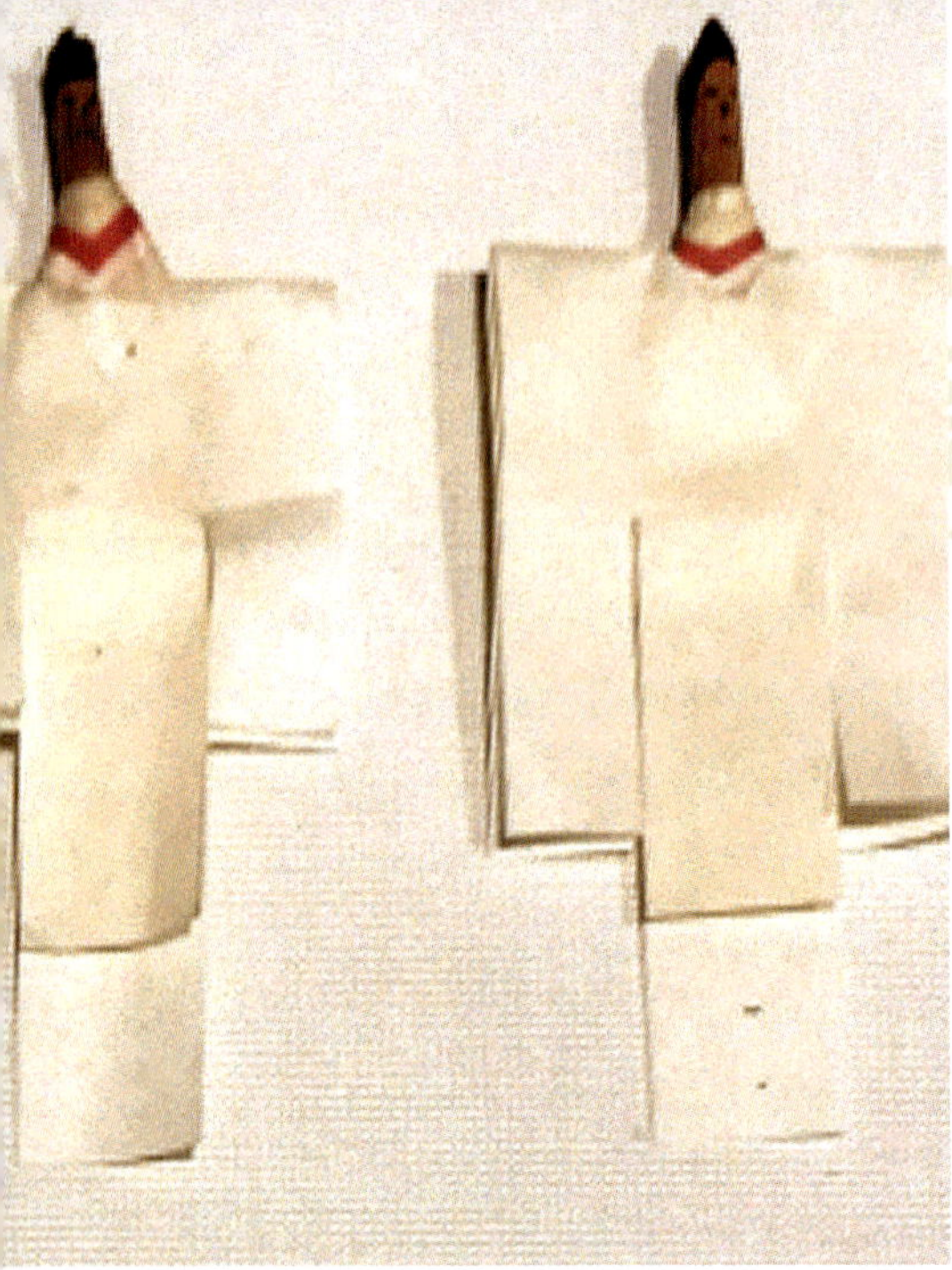

船霊

漁業者や船乗りが信仰した船の守護神

船霊《ふなだま》は漁業者や船乗りといった海の民が信仰する民俗神で、航海の無事や豊漁などを祈願する。その歴史は古く、奈良時代の出来事をまとめた『続日本紀《しょくにほんぎ》』には、朝鮮半島から帰国する船が途中で暴風に見舞われ、船霊に無事の到着を祈ったという記述がある。

ご神体には男女一対の人形、銭十二文、五穀、サイコロ2個などがあり、船の帆柱を立てる「モリ」や

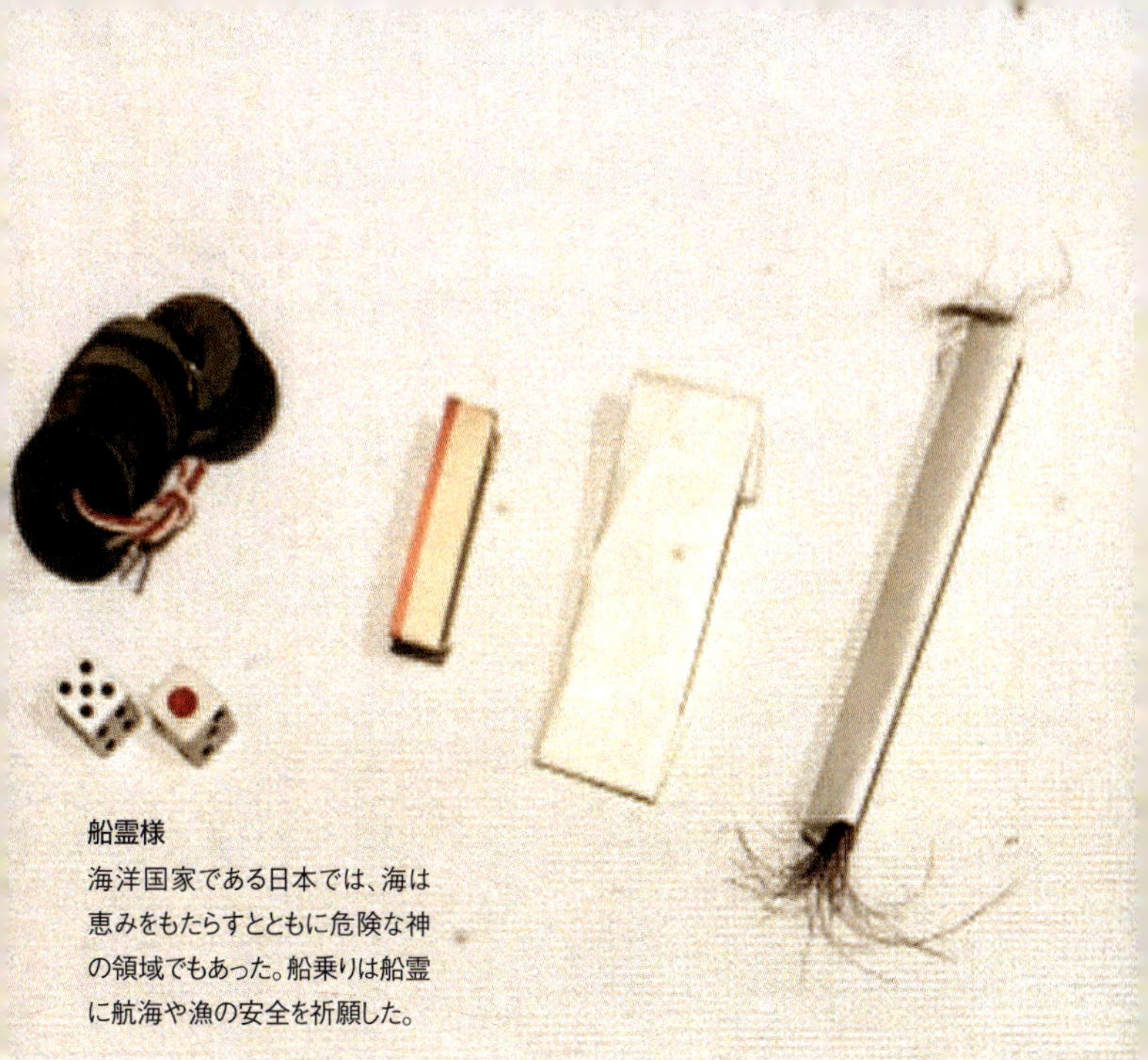

船霊様

海洋国家である日本では、海は恵みをもたらすとともに危険な神の領域でもあった。船乗りは船霊に航海や漁の安全を祈願した。

「ツツ」と呼ばれる部分に納められる。船が完成すると船霊を入れる儀式を行ったが、船霊の霊威を高めるため、船主は盛大に儀式を執り行ったという。

一般的に船霊は女神とされ、巫女的な役割を果たしたといわれる。一方で、船霊は女性が嫌いで、女性が船に乗ると嫉妬してその女性に憑《つ》いたり、天候が荒れると恐れられた。そのため、女性がひとりで船に乗ったり、男性と一緒に漁に出ることが忌まわしいとされ、長らくタブー視されてきた。

庚申像

庚申信仰は、中国の思想をベースに仏教や神道、修験道などさまざまな信仰が合わさっている。

庚申の日に人々が集まって祀った神様

庚申様

江戸時代には、十干十二支《じっかんじゅうにし》の組み合わせで60日に一度やってくる庚申《こうしん》の日に、青面金剛《しょうめんこんごう》などを庚申様として祀る「庚申待《まち》」という行事が民間で広く行われた。人間の体内には三《さん》尸《し》という虫がいて、庚申の日になると天帝にその人間の罪過を報告する、という伝承があり、寝ると三尸が体外に出て、天帝のもとへ向かうと考えられていた。そこで人々は三尸が体外に出ないよう、庚申の夜は酒宴などを催しながら、一晩寝ずに過ごしたという。

外からの災いを防ぐ路傍に祀られた石神

道祖神

道祖神《どうそしん》は集落のはずれや道の辻などに祀られ、外から侵入しようとする災いや悪霊を防ぐ役割を果たした。ご神体は石でつくられたものが多いが、特に決まった形状があるわけではない。自然石や地蔵などがある一方で、道祖神には奔放な性の神様という側面もあることから、男女が体を寄せ合っていたり、男性器や女性器を模した石を祀ったものもある。こうした形状から、道祖神には縁結びや安産、子孫繁栄などのご利益もあるといわれる。

道祖神像

中国の思想と日本の信仰が合わさった信仰で、村の境界や分かれ道などに建てられ、旅人を守る神様とされている。

図画 百鬼夜行 木霊

あらゆるものに神が宿る日本の自然信仰から生まれた神様で、山びこは木霊のしわざと考えられた。

木霊

人間に災いや恩恵をもたらす樹木に宿った精霊

木《こ》霊《だま》は樹木に宿った精霊とされるが、精霊が宿った樹木そのものを木霊と呼ぶ場合もある。樹木に超自然的な力が宿っているという考え方は昔から存在し、お供え物をするなどして大切にすれば恩恵を授かり、傷つけると災厄が及ぶといわれた。木霊はこうした信仰から生まれ、基本的には木に宿っているが、そこから離れて野山を自由に駆け回ることもできたという。また、獣や人間、火など、さまざまな姿で現れるともいわれる。

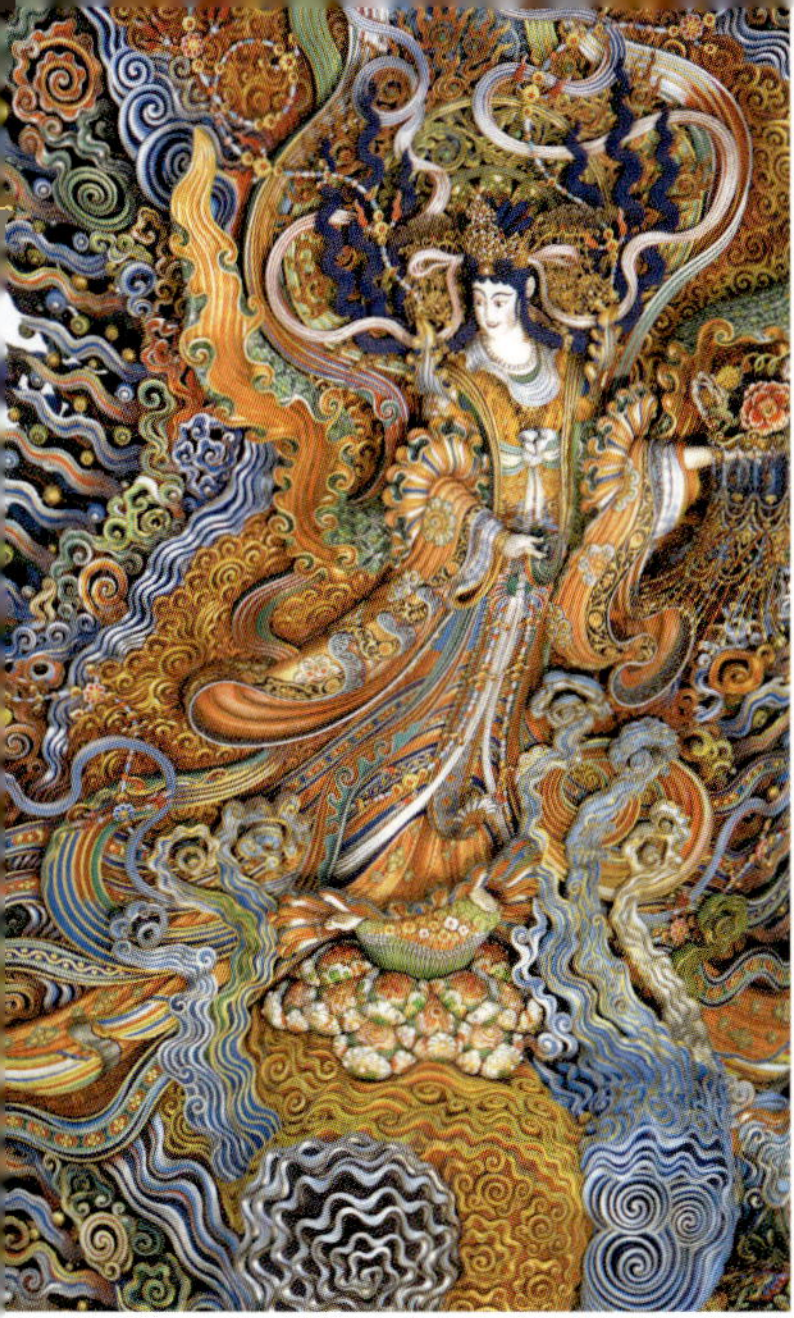

天女像（日本橋三越本店内）

東アジア全体で信仰され、日本では海沿いで天女の伝承が多い。羽衣伝説は日本全国に伝えられている。

羽衣伝説で知られる天上界に住む女性

天女

文字どおり天上界に住むとされる女性のことで、天帝などに仕える女性の総称である。容姿端麗で、羽衣《はごろも》と呼ばれる衣服で空を飛ぶことができたといわれる。羽衣を奪われたせいで天上界に帰れなくなり、地上の男性と結婚する「羽衣伝説」も、全国各地で語られている。民間における女神信仰では、女性が超常的な力を持つ者として語られることが多い。ただし、天女にはそういった描写が少なく、比較的俗な存在として描かれている。

謎に包まれた古来から信仰された神様

アラハバキ

アラハバキは主に東北地方で祀られている神で、古くから信仰された土着の神様が後世に残ったものと思われる。しかし、『古事記』や『日本書紀』には記述がなく、その起源や信仰形態は謎に包まれている。『東日流《つがる》外三郡誌《そとさんぐんし》』という古史古伝では遮光器土偶《しゃこうきどぐう》の絵とともに紹介されているが、その書物自体が偽書とされており、勝手に独自の解釈を加えられて紹介されてしまうことも少なくない。足腰や旅の神様といわれるが、これについても諸説ある。

遮光器土偶

偽書とされる『東日流外三郡誌』にはアラハバキは遮光器土偶として描かれている。アラハバキは歴史の中で詳細が不明となった神様である。

第十章

全国の総本社30

伏見稲荷大社 千本鳥居

伏見稲荷大社

全国に3万社ある稲荷社の総本社

全国にある神社の3分の1を占めるともいわれる稲荷社の総本社とされる。主祭神・ウカノミタマの「ウカ」とは食物のことで、食物と五穀豊穣に神徳がある。社伝では、和銅4年（711）、深草の長者・伊《い》呂《ろ》具秦公《ぐのはたのきみ》が勅命を受け、三柱の神を伊奈利山の三ヶ峰に祀ったところ、五穀が実り蚕織も増えた。これが伏見稲荷大社のはじまりである。朱の鳥居の色は魔除けや豊穣を表し、鳥居は願いが「通る」に通じるとされる。

所在地
京都府京都市伏見区
深草薮之内町68

宇佐神宮

武家にも崇敬された八幡社の総本社

全国で最も多く祀られている神が八幡神といわれている。八幡神は15代応神天皇のこととされ、ホムタワケとも呼ばれる。宇佐神宮は、29代欽明《きんめい》天皇の時代に、奥宮である大元神社がある御許《おもと》山に八幡神が現れ、祀ったことがはじまりと伝えられる。源氏が八幡神を氏神としたことから、鎌倉幕府が成立すると鶴岡八幡宮を勧請して都市づくりを行うなど、武家も篤く信仰するようになった。

所在地
大分県宇佐市南宇佐
大字2859

太宰府天満宮

学問の神様を祀る天神社の総本社

学問の神様・菅原道真を祀る神社は天神社や天満宮と称するが、この「天神」「天満」は「天満大自在天神」の略称である。菅原道真が亡くなったのちに天変が起きたため、天気を自在に操る天神とされた。菅原道真は、平安初期に学者・政治家として活躍し、朝廷のナンバー3に位置する右大臣まで出世したが、九州の行政機関・大宰府に左遷され、悲嘆に暮れながら亡くなる。その神霊を祀ったのが太宰府天満宮である。

所在地
福岡県太宰府市宰府
4-7-1

諏訪大社

出雲の流れを汲む諏訪社の総本社

祭神のタケミナカタは、出雲大社に祀られるオオクニヌシの子で、国譲りの際に、アマテラスの使者に対して力比べを挑んで敗れたのち、諏訪の地で国譲りに同意したといわれる。そして諏訪から出ないことを約束して、鎮座したのが諏訪大社のはじまりである。諏訪大社は諏訪湖をはさんで4社で構成される。鎌倉期以降は、武士の崇敬を受けるようになり、武田信玄の戦勝祈願や社殿造営が行われた。

所在地
長野県諏訪市中洲宮山1（上社本宮）

熊野信仰の中心地にして熊野社の総本社

熊野本宮大社

熊野本宮大社は上中下に各4社があり、熊野に祀られる12神を祀ることから、熊野十二社権現と称する。主祭神は第三殿の家都美御子《けつみみこ》大神で、これはスサノオのことといわれる。神仏習合が最も進んだ地域で、家都美御子大神は阿弥陀如来と同一とされた。熊野三山と熊野古道は、平成16年（2004）に、「紀伊山地の霊場と参詣道」としてユネスコの世界遺産に登録された。

所在地
和歌山県田辺市本宮町本宮

伊勢神宮

日本の総氏神にして神明社の総本社

正式な呼び方は「神宮」であり、皇大神宮（内宮）と豊受大神宮（外宮）を中心に、付属する14の別宮（内宮10、外宮4）、43の摂社（内宮27、外宮16）、ほか末社、所管社などを含め、合わせて125社の総称である。三種の神器の一つである八咫鏡をご神体として祀る。中世以降は庶民の参宮も盛んになり、江戸時代には「お蔭参り」が大流行した。伊勢神宮の分霊を祀った神明社、天祖社などが全国にある。

所在地
三重県伊勢市宇治館町１（皇大神宮）

春日社の総本社
春日大社

権勢を極めた藤原家の氏神を祀る神社で、祭神のアメノコヤネは天孫ニニギとともに降臨した。平城京遷都後、鹿島神宮からタケミカヅチを平城京の東端にある御蓋《みかさ》山に祀ったのがはじまりと伝えられる。

所在地
奈良県奈良市春日野町160

八坂社・須賀社の総本社
八坂神社

祭神のスサノオはインドの祇園精舎を守護する「牛頭天王」と同一視された。656年に高麗から渡来した伊利之《いりし》が、新羅国の牛頭山に座したスサノオを八坂郷の地に祀ったことがはじまりとされる。

所在地
京都府京都市東山区祇園町北側625

白山社の総本社

白山比咩神社

日本三霊山の一つ・白山をご神体とする神社で、白山の山頂に奥宮が鎮まる。祭神のシラヤマヒメはククリヒメのことで、黄泉の国からイザナギが戻る際にイザナギとイザナミの言葉を仲介したと伝えられる。

所在地

石川県白山市三宮町ニ105-1

住吉社の総本社

住吉大社

新羅遠征の際には、住吉三神が神功皇后に神がかりして航海安全を約束し、無事遠征を終えることができた。帰還した神功皇后は、住吉三神に感謝し、住吉の地に祀ったのが住吉大社のはじまりとされる。

所在地

大阪府大阪市住吉区住吉2-9-89

日吉社・日枝社・山王社の総本社

日吉大社

比叡山の守護神で、「山王」として広く知られており、比叡山は京都の鬼門である北東に位置し王城鎮護の山とされた。境内には約40社の社があり、その中心は、2つの本宮と5つの摂社からなる山王七社である。

所在地

滋賀県大津市坂本5-1-1

琴平社の総本社

金刀比羅宮

晴れ渡った空から一竿の旗が降りて象頭《ぞうず》山に立ったため祠を建てたのがはじまりともされる。オオモノヌシ（オオクニヌシ）が祀られ、のちに仏教の金毘羅《こんぴら》と習合し、金毘羅大権現として信仰される。

所在地

香川県仲多度郡琴平町892-1

えびす社の総本社

西宮神社

西宮神社は「えべっさん」として商売繁盛を願う多くの人々に信仰される。えびす大神は、イザナギとイザナミが日本列島の前に産んだ子神で、不具の子だったため葦船に乗せて海に流された神様といわれる。

所在地

兵庫県西宮市社家町1-17

氷川社の総本社

氷川神社

社伝によると5代孝昭天皇の時代の創建と伝えられる。祭神のスサノオは天上世界から出雲の地に降り立った神で、その地を荒らすヤマタノオロチを簸川《ひのかわ》で退治した。「氷川」の社名はこの「簸川」に由来する。

所在地

埼玉県さいたま市大宮区高鼻町1-407

鹿島社の総本社

鹿島神宮

10代崇神天皇の時代に鹿島に神宝を献じたことがはじまり。祭神のタケミカヅチは、香取神宮の祭神フツヌシとともに地上世界に降り、国譲りの交渉をした。境内には地震の原因とされる大鯰を押さえる要石《かなめいし》がある。

所在地
茨城県鹿嶋市宮中
2306-1

香取社の総本社

香取神宮

フツヌシは鹿島神宮のタケミカヅチとともに降り、国譲りの交渉を行った神様で、両神は一体と考えられることもある。国譲り後に東国の開拓を行い、やがて香取の地に留まり、この地を守護したとされる。

所在地
千葉県香取市香取
1697-1

浅間社の総本社

富士山本宮浅間大社

山の神様の娘のコノハナノサクヤヒメが祭神。社伝によると、7代孝霊天皇の時代に富士山が大噴火し周囲は荒れ果てたため、11代垂仁天皇の時代に浅間大神《あさまのおおかみ》を祀ったのが起源とされる。

所在地
静岡県富士宮市宮町1-1

東照宮の総本社

日光東照宮

江戸幕府を開いた徳川家康が東照大権現として祀られている。江戸城から見て真北・北極星（北辰）がある方向であり、徳川家康は不動の象徴である北辰として、日本全体の安泰を守護する神様とされる。

所在地
栃木県日光市山内2301

大鳥社の総本社

大鳥大社

祭神のヤマトタケルは、12代景行天皇の第二皇子で、全国を平定し帰国の途中に能《の》煩《ぼ》野《の》（三重県）で命を落とした。その陵墓から大鳥が飛び立ち、最後に舞い降りた場所が、大鳥大社の地だと伝えられる。

所在地

大阪府堺市西区鳳北町1-1-2

水天宮の総本社

水天宮

壇ノ浦の戦いで入水した安徳天皇と高倉平中宮《たいらのちゅうぐう》、二位尼の神霊を慰めるために、高倉平中宮に仕えた按察使局《あぜちのつぼね》・伊勢によって祀られたことにはじまる。仏教の水天と習合し、安産の神様として信仰される。

所在地

福岡県久留米市瀬下町265

愛宕社の総本社

愛宕神社

比叡山とともに信仰を集めた愛宕山に鎮座する。大宝年間（701〜704）に修験道の開祖・役行者と白山の開祖・泰澄が朝廷の許しを得て愛宕権現を祀ったのがはじまり。防火の神様として知られる。

所在地

京都府京都市右京区嵯峨愛宕町1

御嶽社の総本社

御嶽神社

「木曽のおんたけさん」として信仰され、古来より麓で百日間の精進潔斎の修行をしてから登山された。奥社の創建は大宝2年（702）、里宮社の創建は不詳だが、文明16年（1484）に再建の記録が残る。

所在地

長野県木曽郡王滝村3315

秋葉社の総本社

秋葉山本宮秋葉神社

「秋葉さん」「秋葉大権現」として知られ、秋葉山をご神体として祀る。創建は和銅2年（709）で、祭神のカグツチは火の神様で、火事が絶えなかった江戸では火防の神様として特に信仰された。

所在地
静岡県浜松市天竜区春野町領家841

弥彦社の総本社

彌彦神社

『延喜式神名帳《じんみょうちょう》』には「伊夜比古神社」とあり平安時代から祀られていた。アメノカグヤマは、初代神武天皇の東征に登場するタカクラジと同一とされ、越後地方（新潟県）に赴いてこの地を開拓したと伝わる。

所在地
新潟県西蒲原郡弥彦村弥彦2887-2

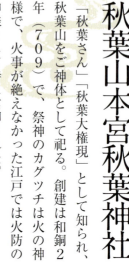

貴船社の総本社

貴船神社

創建の年代は不明だが677年に社殿の造替の記録がある。また18代反正天皇の時代に、神武天皇の母、タマヨリヒメが現れ、水の恵みを与えるために祀るように命じ、創建されたとも伝えられる。

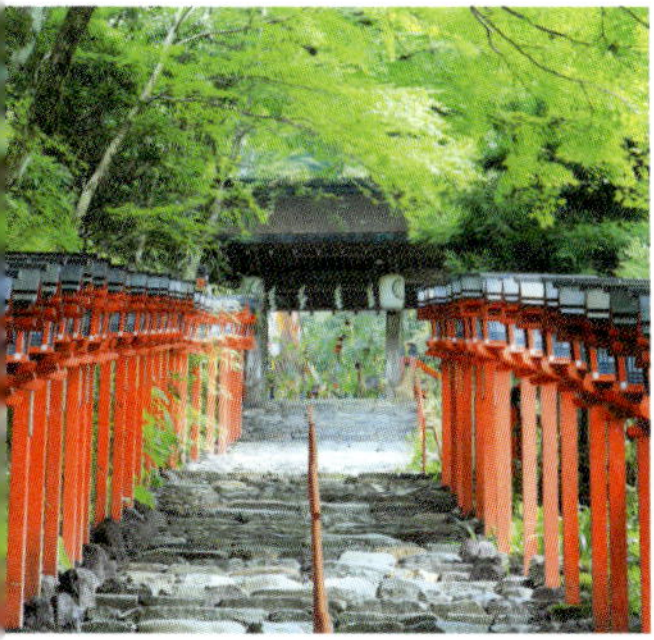

所在地

京都府京都市左京区
鞍馬貴船町180

多賀社の総本社

多賀大社

祭神はイザナギ・イザナミ。「お伊勢へ七度、熊野へ三度、お多賀さまへは月参り」と信仰された。44代元正《げんしょう》天皇が病気の際に強飯と杓子を献上すると平癒した故事に由来する「お多賀杓子」がある。

所在地

滋賀県犬上郡多賀町
多賀

厳島社の総本社

嚴島神社

祭神の宗像三女神は海上を守護する神々。宮島は、「神をいつきまつる島」という意味で「厳島」と呼ばれた。593年、佐伯鞍職《さえきくらもと》が神勅を受けて社殿を造営したのがはじまりとされる。

所在地

広島県廿日市市宮島町1-1

大山祇社の総本社

大山祇神社

祭神のオオヤマツミは、山を司る神様で、鎮座地の大三島《おおみしま》は神の島とされた。西岸にある鷲ケ頭《あしがとう》山を神体山として三島大明神とも称され、平安時代には、朝廷から「日本総鎮守」の号を下賜され信仰された。

所在地

愛媛県今治市大三島町宮浦3327

宗像社の総本社

宗像大社

沖ノ島の沖津宮、大島の中津宮、本土の田島の辺津宮の3宮の総称。各宮にはそれぞれ宗像三女神を祀る。アマテラスから歴代天皇を補佐するようにと命ぜられ宗像の地に降臨したと伝えられる。

所在地

福岡県宗像市田島
2331（辺津宮）

猿田彦社の総本社

椿大神社

椿大神社《つばきおおかみやしろ》の祭神のサルタヒコは天孫ニニギの道案内をした神様で、伊勢の地主神とされる。導きの神様として信仰され、11代垂仁天皇の時代に伊勢神宮を鎮座したヤマトヒメの神託により、社殿が造営された。

所在地

三重県鈴鹿市山本町
1871

日本の神社研究会
全国の神社の案内パンフレットを制作している編集プロダクション・杜出版が主宰。全国の神社を巡り、地域ごとに特色がある神社の信仰のみならず、歴史学の観点から神社を研究している。世界的に珍しい日本の多様な信仰の歴史を知ってもらいたいと思い、本書を執筆した。

宝島社新書

カラー版 日本の神様100選
（からーばん　にほんのかみさまひゃくせん）

2019年11月15日　第1刷発行
2022年 9月20日　第2刷発行

著　者　日本の神社研究会
発行人　蓮見清一
発行所　株式会社宝島社
〒102-8388 東京都千代田区一番町25番地
電話　編集　03(3239)0928
　　　営業　03(3234)4621
https://tkj.jp
印刷・製本　サンケイ総合印刷株式会社

ISBN 978-4-8002-9963-5